村上由美

アスペルガー、
ADHD、LD……

片づけが苦手でもうまくいく!

発達障害の人の「片づけスキル」を伸ばす本

健康ライブラリー
スペシャル

講談社

はじめに

～アスペルガーの私だから片づけを追求できた

■「片づけの必要性を感じていない女」だった私

最初に告白しますが、私は「整理収納アドバイザー」「お掃除サービス業」といった片づけや掃除の専門家ではありません。つまり、片づけのプロとして働いているわけではないのです。そんな私がなぜ片づけの本を書いたのか？　と、多くの方が疑問を抱かれることでしょう。それには、私の生い立ちと今の職業が深く関わっています。

私は幼少期に、発達障害のひとつである自閉症（今では自閉症スペクトラム障害：ＡＳＤ）だとある専門家から指摘され、心理学の専門家や母の療育（障害のある子どもが社会的に自立できるようにおこなわれる、リハビリテーション指導などの治療と教育のこと）を受けて育ちました。療育開始後、４歳でことばを話すようになり、いわゆるアスペルガー症候群（ＡＳＤの中でも言語面の問題が少ないタイプ）の特性が強くなりました。

そして現在、私は言語聴覚士をしています。言語聴覚士は聴覚、言語、コミュニケーション、嚥下《えんげ》（食べ物の飲み込み）に障害がある人のリハビリテーションをする医療系の国家資格です。中でも私は、主として発達障害や知的障害を持つ子どもたちやその家族を対象に発達相談の仕事をしてきました。

そういう意味で、私は40年（仕事では20年）近く発達障害の療育手法を自分の生活で実践してきたことになります。発達障害の特性と付き合うには、漠然とした悩みを具体的な方法に落とし込んでいくことが欠かせません。片づけについても、「散らかってしまう」という悩みを解決すべく、具体的なしくみ作りを続けてきたのです。

そして、今では片づけについていろいろとアドバイスするようになった私も、以前は「片づけられない女」でした。いえ、正確に言うと「片づける必要性を感じていない女」でした。アスペルガーの人によく見られるように、自分が興味のないことについては一般に常識だと言われていることがピンときていなかったため、「生活をしていくうえで片づけが必要不可欠」ということにも、まったく気づいていなかったのです。

むしろ、ものを片づけるためにわざわざ時間を作るなんてもったいない、すぐに使うものなのにいちいちしまうなんて無意味なことだ、と考えていました。今思えば、視覚的な記憶が得意で、どこに何を置いたかをわりと覚えていられるほうなので、散らかっていても記憶を頼りに探していけば必要なものを探すことができた（実際は、他の人が協力や妥協をしてくれたことも大きかったのですが、それには気づいていなかったというのもあります）という成功体験（？）も仇《あだ》になっていたようです。

■片づけに目覚めた理由

実家にいた頃は、床一面にものを散らかしてはよく母に叱られていました。いくらものの位置を覚えていられるとはいえ、学業やアルバイトなどがだんだん忙しくなると散らかり方も度を超すようになって探し物が増えていき、イライラして「どうして自分はこんなにすぐものをなくすのだろう？」と落ち込むことがありました。

さすがに床一面にものが散らかると探し物が見つからなくなるので、重い腰を上げて片づけます。でも、何日もかかるうえに、片づけ終わっても達成感はなく、ただ疲れていました。こうして、私にとって片づけはますます「面倒くさいもの」になっていったのです。

私が片づけないことが他人に影響を及ぼしている（迷惑をかけている）と理解していなかったことも、片づけに身が入らなかった理由でした。そして、ついに職場で私がものを散らかすことで他のスタッフが困る事態が出てきたため、注意を受けたのです。当時の自分を振り返ると相当ひどかったと、穴があったら入りたい気分になりますが、まぎれもない事実です。

自分一人の問題なら「今までどおりでいいや」と思ったかもしれませんが、他人の迷惑になるとわかった時点で「そろそろ片づけられないのを何とかせねば」と気持ちに変化が出てきました。

そして、私の生い立ちと仕事が、いったん「片づけるぞ！」と決意したときプラスに働いたのです。母親の療育が、感覚的に理解できないことを言葉に置き換える習慣をつけるものだったことに加え、仕事では、担当している子どもたちについて「なぜこのような状態にあるのか」と分析することが習慣づいていたためか、問題があると理由を突き詰めて考え、どうしたらそれが解決するかを行動に落とし込む癖がついていたようなのです。

また、アスペルガーならではの、ものごとをとことん突き詰める特性も発揮されていきました。まず「片づけとはどういうことか」を考え、次に片づけに必要な行動を分析し、「自分がどこでつまずいているからうまくいかないのか」を洗い出しました。

するとわかってきたのは、①ものの出し入れを面倒に感じていること、②片づけが苦手なのに「その気になればすぐに片づけができる」と自分の能力を過大評価していたこと、③「そもそも何のために片づけをするのか」をよく理解していなかったこと、の3つでした。

片づけができない理由がわかってきたので、次は具体的な行動に落とし込むスキルが必要だ、と本を参考にしたりインターネットで調べたりしているうちに、「片づけってこんなに面白くて奥が深い世界だったのか！」とまさに目から鱗《うろこ》が落ちる思いがしました。そして、自分が**片づけをする目的は「仕事と家庭の両立のために家の中を使いやすくすること」**と明確になってきたのです。

そうなるとますます片づけを追求するのが楽しくなり、「こうなったら徹底的にやってしまえ！」と、家じゅうをどんどん片づけ、整理整頓していきました。

■片づけスキルは生活を助けてくれる

面白いことに、ちょうどその頃から自閉症やアスペルガーに対する社会的な関心が高まり、私の生い立ちや仕事についてテレビ取材を受けたり、出版の企画の話が持ち上がったりして、マスコミ関係の方が打ち合わせにわが家を訪ねて来る機会が増えました。すると「うちもこうしたいのですが、なかなか……」と、皆さんから口々に片づけについての悩みを聞かされるようになりました。

発達相談業務の現場でも、早期発見・早期療育の流れとともに、家庭での療育について相談されることがだんだん増えてきました。中でも多かったのが、「子どもに片づけを教えたいけれど、自分自身が片づけや整理が苦手なので、どこから手をつけたらいいかわからない」「片づけの情報はたくさんあるけど、真似をしてもどうもピンとこない」という声でした。

そうした声に応えたいという気持ちは強くなりましたが、時間が限られている相談業務の中では、片づけの話まではなかなかできません。そこで、ツイッターなどで自分がやっていることを折に触れて発信し始めました。すると多くの人から「こうやるといいのですね」「片づけサイクルや見直しポイントがわかりました」「もっとノウハウが知りたい」と反響があり、本にまとめることになったのです。

煎じ詰めればこの本は、「自分は何のために片づけたいのか」「ものとどう付き合いたいのか」というところから始めて、生活全体を見直しながら片づけをするためのスキルをまとめたものです。発達障害の人にとってはとくに「片づけは修行（苦行）」かもしれませんが、じつは片づけのスキルは、「生活を助けてくれる手段」になるのです。片づけが苦手な発達障害の人が、片づけをしやすい環境にするためのしくみ作りが狙いです。

片づけや整理整頓についての本を読んでその通りにやってみたけれど、どうもうまくいかなかったという人や、現状を変えたいけれど、どこから手をつければいいのかわからないという人にとって、この本の「片づけスキル」が快適な生活へのガイドの役目を果たせればと思っています。

もくじ

はじめに　～アスペルガーの私だから片づけを追求できた……001

プロローグ
片づけに必要なステップは3つだけ
「片づけ」って何をすればいい？……016
片づけに必要な3つのステップ……018
「片づかない」の理由を見つける……022
発達障害の家族がいる場合は……024
片づけで得られる7つのメリット……028

第1章
プレレッスン
まず、バッグの中を整理してみよう
片づけのヒントはバッグの中にあり……034

実践してみよう　財布〜ポーチ〜バッグ……036

パート1 **財布の中を片づける**……037
■財布に必要な機能を考える……038
■使用頻度で中身を分ける……039
■レシートは週に2〜3回リセット……042
■カード類の絞り込み方……043
■カード入れを使うコツ……045
パート2 **ポーチの中を片づける**……046
■入れるアイテムを絞り込む……047
■ものは立てて入れる……049
パート3 **バッグの中を片づける**……051
■大きいアイテムから場所を決めていく……051
■小物の定位置は「小さいスペース」……053
■ものが「動かない」ように入れる……055
■バッグも「収納場所」にする……056
コラム **メジャーは買い物の必需品**……059

マンガ 片づけられない人たち パート1 夫の場合……062

由美のアドバイス……064

第2章

ものの「場所」を決める

片づけるにはまず「しまい場所」を決める……066

戻しやすい場所にしまう……068

しまい場所の固定観念を捨てる……070

小物はよく使う場所に1つずつ置く……072

「使ったら戻す」を意識する……074

シーズンオフの収納場所を決めておく……076

「一時置き」で片づけを一時停止……077

一時置きを生かす3つのルール……079

コラム 「一時置き」で片づけのメリットをつかむ……083

■マンガ 片づけられない人たち パート2 Aさんの場合……084
由美のアドバイス……086

第3章 ものの「量」を決める

ものを減らせない5つの心理……089
「使ったもの」だけを取っておく……093
最初に量の目安をはっきり決める……094
■洋服や小物の減らし方……095
■洋服と靴は写真ファイルで管理……097
■本・CD・DVDはネットを活用して減らす……099
コラム 似合う色がわかるカラー診断……101
好きなものでも、量の限界は必ず守る……102
生活必需品のストックは最小限に……103

■日用品・食料品のストックは購入サイクルを決める……104
■調味料や洗剤は種類を絞り込む……107
■食器・調理器具などは基本的なものだけ……108
■下着やパジャマの洗い替えは少なくても大丈夫……110
■寝具は生活スタイルの見直しで減らせる……111
■マンガ 片づけられない人たち パート3 Bさんの場合……112
由美のアドバイス……114

第4章

ものの「入れ方」を決める

「出し入れしやすく」で部屋は片づく……116
ものの入れ方は5種類だけ!……117
1 かける(吊るす)……119
2 棚に置く……120
3 箱やかごに入れる……121

4 引き出しに入れる……122
5 扉の中にしまう……124
コラム 発達障害の子どもに片づけを教える第一歩は箱収納……126
入れ方を組み合わせて、さらに使いやすく……128
ものがすべて見えるように入れる……129
「詰め込まない」を徹底する……132
押し入れの奥行きを活用する方法……134
「便利グッズ」は使わない……136
家族にもできるしまい方を考える……138
「紙もの」がたまらないしくみを作る……139
紙はとにかくファイルに入れる……141
長期保存には綴じ込みファイル……144
郵便物は期間で管理、写真は枚数で管理……146

デジタルツールを活用して紙を減らす……149
■書類には「Evernote」（エバーノート）……150
■名刺には「Eight」（エイト）……152
■家電の取扱説明書には「トリセツ」……152
コラム デジタルツールで情報を共有……155
■マンガ 片づけられない人たち パート4 Cさんの場合……156
由美のアドバイス……158
おわりに……159

装丁・本文デザイン ■ 加藤愛子（オフィスキントン）
カバー・本文イラスト ■ 花津ハナヨ
本文イラスト ■ 松永えりか（フェニックス）
構成 ■ 伊藤淳子

発達障害の人の「**片づけスキル**」を伸ばす本

プロローグ 片づけに必要なステップは3つだけ

「片づけ」って何をすればいい？

皆さんはふだんの生活の中で、なにげなく「片づけ」という言葉を口にしていると思います。では、片づけとは具体的にはどういう行動を指すのでしょう？　そう聞かれて、すぐに明確に答えられる人は少ないのではないでしょうか。発達障害の人の多くは「えっ？」と口ごもるのではないかと思います。それは「片づけ」という言葉から、やるべきことを具体的に思い浮かべることができないからです。

たとえば、お母さんが子どもに「片づけなさい」と言ったときのことを考えてみましょう。そのときの状況によって、やるべきことはまったく異なるはずです。部屋の中に散らかっているおもちゃをおもちゃ箱にしまうのか、ソファの上に乱雑に置かれた絵本を本棚に入れるのか、テーブルの上にある食べ終えたお菓子の袋や紙くずをゴミ箱に捨てるのか……。

定型発達の子どもは、状況に応じてやるべきことを「なんとなく」判断することができますが、発達障害の子どもは、ただ「片づけなさい」と言われても、何をどうしていいのか戸惑ってしまいます。

発達障害の人たちにとっては、「この言葉は、この場合はこういう意味」「この人がこういう場合に言いたいのはこういうこと」といった暗黙の了解がかなり難しいからです。そのため、「最初にやるべきことはこれで、それが終わったら次はこれをやる」といった具体的なステップを提示しなければ、なかなか行動に移すことができないのです。

片づけに必要な3つのステップ

ここで改めて、「片づけ」が具体的にはどういう行動を指すのかを確認しておきましょう。

私は「家にあるものや新たに買ったものなどを、適切な場所に移動し、その場所からあふれたものは減らし（処分し）、次に出しやすいようにしまうこと」と考えています。

まず重要なのは、ものの「しまい場所」です。**使いたいと思ったときにすぐ出せる場所、しまうのを面倒に感じなくてすむ場所にしまうことで、使いやすく、散らかりにくくなる**からです。

しまい場所が決まったら、そこに入れるものの「量」を決めます。ものの量が少なければあまり問題はありませんが、**しまい場所からあふれるほどものがあると、どうしても散らかってしまいます。**多くの人の場合は、「しまい場所に入るだけの量に減らす」ことになるでしょう。

場所も量も決まったら、最後は「どう入れるか」です。**引き出しにぎっしり詰めたり、ただ積み上げておいたりするのでは、取り出しにくいうえにしまいにくくなってしまい、散らかる**

原因になります。

ですから、片づけに必要な作業は、次の3ステップということになります。作業を始める前に、明らかに不要なものやゴミは取り除いておきましょう。

1 目的に合ったしまい場所を決める（どこにしまうと使いやすいのか）
2 しまい場所に入りきる量を決める（どのくらい減らせばいいのか）
3 しまい場所に合った入れ方を決める（どう入れると出し入れしやすいのか）

片づけの本でよくあるのは、まずは量を減らそうということで、最初に「ものの要・不要を判断する」ことをやらせようとするものです。ところが、片づけが苦手な人はここですぐに挫折します。要・不要を判断する基準が明確になっていないと判断に迷うばかりで片づけが進まず、自信喪失するからです。

片づけが苦手な人にとっては、たとえば量を決めるにも「しまい場所に入りきる分」のような目に見える尺度に沿って進めていくほうが、現実的で実行しやすいでしょう。

また、進学や転職、結婚などでライフスタイルが変わり、持ち物の量が増えたり収納のしかたを変えたりする必要が出てきたときにも、「場所を決める」「量を決める」「入れ方を決める」の3つのステップを知っていれば柔軟に対応できるのです。

レジ袋で「3つのステップ」をやってみた!

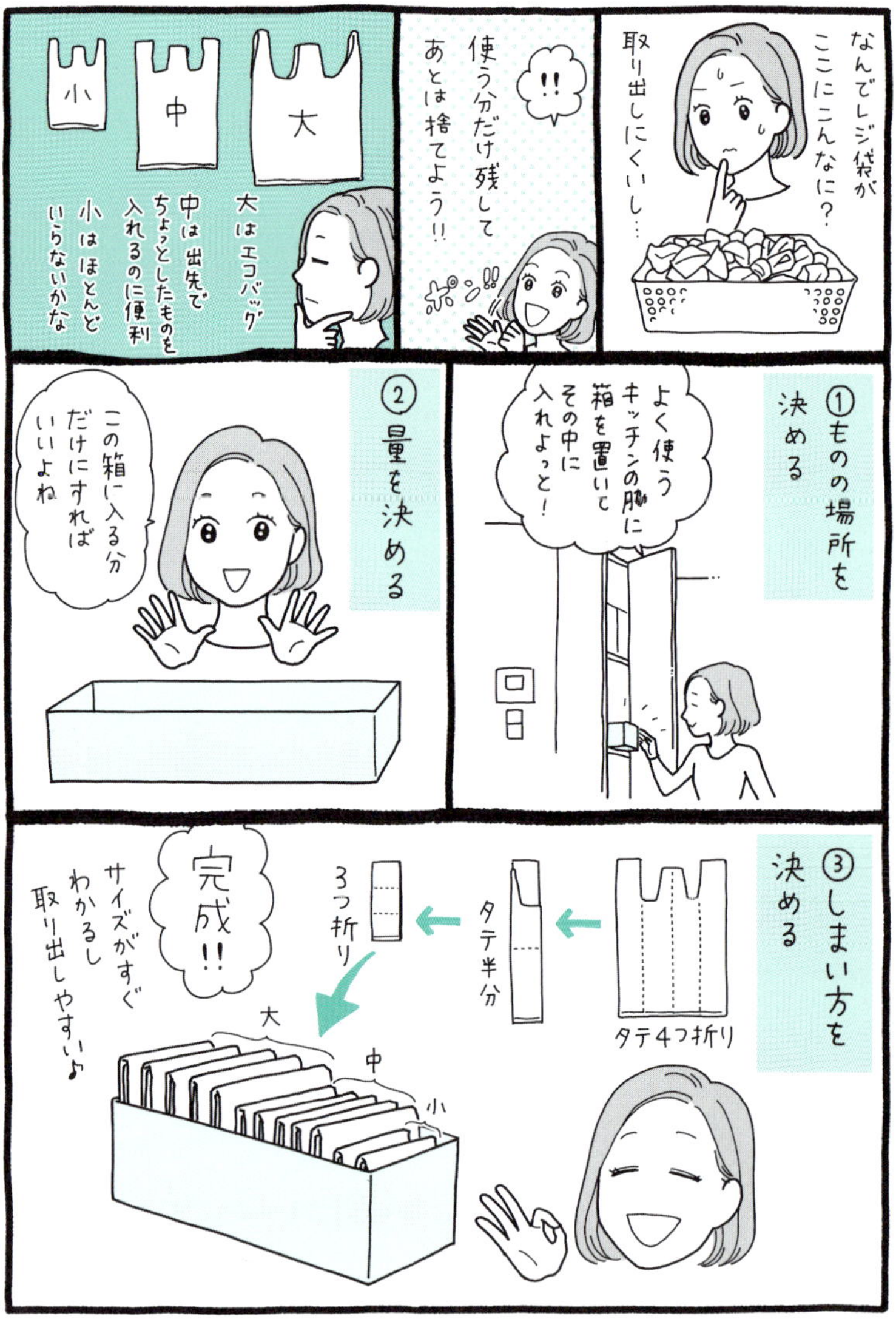

そして、これらのステップを実行するためには、**片づけのルールを具体的に決めていくことが必要**になります。つまり、片づけるためにはどんなことが必要なのか、それをどのような手順で進めればいいのかといったことを理解していないと、片づけに目覚めても、具体的な作業を進めることができないのです。

とりあえず目についたところから片づけてみても、どうもスッキリしないし、家族から不満が出てくることもあるでしょう。そんなことが重なると「もうバカらしくて、やってられない！」「やっぱりきれいに片づけるのは無理」といった気持ちになり、元の木阿弥になりかねません。

ここからは、3つのステップを実行するために私がどのように考えて具体的なルールを決めていったのかを紹介します。

「片づかない」の理由を見つける

まず、なぜ片づいていない状態になっているのかを知るために、自分のふだんの行動を見直して、どんな問題があるのかを洗い出してみました。次に、その問題が起こっている理由を考えてみました。

問題① そのときの気分でしまい場所を決めている
（理由） 最初にものの定位置を決めていない
問題② 使ったものを元の場所に戻せない
（理由） しまうまでの動作が多いからおっくうになる、つまり使用頻度や動線を考えてものを置いていない
問題③ 行き場のないものがあふれている
（理由） しまい場所を確保せずにものを買ってしまう
問題④ 必要なものがすぐに取り出せない

（理由）ものを寝かせて（横にして）入れているため、下のほうに入っていると出しにくい

問題①と問題②から、ものを出し入れしやすい場所にしまう習慣がついていないこと、問題③からは、場所に応じた適切な量の見極めができていなかったこと、問題④からは、中身がすべて見えるようにものを入れていないことがわかりました。

また、片づけてもほどなく散らかってしまうという失敗を何度も繰り返したのは、自分が理想としてイメージする完璧に片づいた部屋に、自分の現実的な片づける能力がついていっていないからだということもわかってきました。そして、理想を追うだけではダメだと気づき、**完璧ではなくてもいいから、ある程度片づいた状態を維持するにはどうしたらいいか**を考えるようになったのです。

その結果、導き出したルールがこの４つです。

1　〈場所〉もののしまい場所（定位置）をはっきり決める
2　〈場所〉ものの定位置は、それをよく使う場所の近くに設定する
3　〈量〉しまい場所を確保できない場合は、ものを買うのをあきらめる
4　〈入れ方〉ものはできるだけ立てて収納し、重ねない

あたりまえのことですが、片づけは1回やったら終わりというわけにはいきません。**片づいた状態が維持できるようなシステムを作ることが重要**なのです。その意味でも、具体的なルールを導き出しておくことが大切だと思います。

発達障害の家族がいる場合は……

一人暮らしの場合は先ほどのルール設定だけで十分だと思いますが、家族がいる場合には、その家族に配慮したルールの設定も必要になります。家族に発達障害の人や片づけの苦手な子どもなどがいる場合はなおさらです。なぜなら、自分にとっては片づけやすいルールでも、**家族の誰かにとって難しいルールなら、せっかく設定してもしっかりと守られないので、すぐに片づけた状態が崩壊してしまう**からです。

わが家は、ASDに加えてADHD（注意欠如・多動性障害）やLD（読み書きの学習障害）の傾向のある夫との二人暮らしです。片づいた状態を維持するには、彼にとって片づけやすいことも重要ですから、夫の行動をよく観察し、私の場合と同様に分析してみました。

彼は、私と話し合ってものしまい場所やしまい方を決めても、なかなか覚えてくれず、しばらくの間は忘れてしまうということがしょっちゅうでした。一方、いったんしまい場所やしまい方が定着するとルール変更が難しいようで、話し合ってしまい場所を変えたあとでも、それを忘れて以前の場所に戻してしまうことがよくありました。

また、扉があると中に何が入っているのかがわからなくなってしまううえに、扉を開けて探してもなかなか見つけられないという特徴もありました。扉の中にストックがあっても探し出せず、新しいものを買ってきてしまったりするのです。

これらの問題を解決するために、最初の4つのルールに加えて次の2つのルールを設定しました。

5 〈入れ方〉出し入れするための動作を減らす

6 〈入れ方〉ひと目でどこに何があるかわかるよう、ラベルなどを貼る

このようにして、①場所を決める、②量を決める、③入れ方を決める、の3つのステップを実行するための具体的なルールを作り、それを実行していくうちに、ある程度片づいた状態が無理なく維持できるようになりました。そうなると、「さらに快適にするにはどうしたらいい

［Before］片づけが苦手な人の散らかったリビングが……

［After］3つのステップですっきり片づいた!

か」を考えて実行するのが楽しくなり、私はますます片づけに精を出すようになったのです。

片づけで得られる7つのメリット

以前、私はとにかく片づけるのが面倒で、床一面にものを置いていましたが、今やわが家を訪れた皆さんに感嘆されるほどに片づけられるようになりました。この変わりようには、自分でもびっくりしています。やはり、ものが出し入れしやすい、必要なものがすぐに見つかるといったことで、片づけのメリットが実感できたからでしょう。

片づけるようになって、以前にはなかったうれしい変化も訪れました。それは、家の中で何かの行動を始める際のストレスが減ったこと、思い立ったらすぐ行動に移せるようになったことです。

今までなら、何か作業を始めようとしたとき、まず床の上のものをどかしてスペースを確保する必要がありました。また、本が置いてあると読み始めるなど、置いてあるものに気を取られて最初にやろうとしたことを忘れてしまうこともあり、肝心の作業にとりかかるまで時間がかかっていました。

また、あると思っていた場所に目的のものがなかったために探し回って出かけるのが遅くなったり、書類を紛失してしまい、提出期限になっても見つからなかったために書き直したり、といったことも一度や二度ではありません。そのたびにイライラしたり「なんでこうなっちゃうんだろう……」と落ち込んだりしたものです。

片づけができるようになってからは**「ものが思った通りの場所にあり、やりたいことがすぐにできることがこんなに快適だったのか！」**と実感し、今までどうして片づけなかったのだろう、と後悔することしきりでした。

また、以前は出張や旅行から帰ってきてから荷物を片づけるのがものすごく苦痛で、何日もそのままということもありました。しかし、もののしまい場所がしっかりと決まっている今は、翌日には中身を全部出し、バッグを元の場所に戻すことができています。

夫の協力を得るのもとても楽になりました。もともと家事はかなりやってくれていましたが、今は私に聞かなくてもどこに何があるかがわかっているので、必要な道具や材料などの準備や片づけがスムーズにできているようです。おかげで私も安心して外出や出張ができるようになりました。

私が実感している片づけのメリットは、次の７つです。

1　ストレスから解放される……「作業を始めたいときにすぐできる」

2　スムーズに行動できる……「やる気を削がれないから先延ばしが減る」

3　不要品を処分しやすい……「ものの要・不要が明確になる」

4　ものを大事に使う……「ものを絞り込むと、ひとつずつに対する思い入れが強くなる」

5　無駄遣いが減る……「よけいなものを買わなくなる」

6　人を気兼ねなく呼べる……「急に人が来てもあわてる必要がない」

7　人に用事を頼みやすくなる……「自分以外の人にもわかりやすくものが収納されている」

こうして、片づけの当初の目的だった「仕事と家庭の両立のために家の中を使いやすくすること」も、自ずと実現できました。

もちろん、片づけのルールを決め、3つのステップを実行に移すのは面倒だという意見もわかります。たとえば「必要なものを出す」場合、事前に出しやすいように準備しておくか、そのときになって探し回るかの違いだけで、かかる時間にさほどの違いはない、と思う人もいるかもしれません。もちろん、どちらを選ぶかは個人の自由でしょうが、どちらも経験している身からすれば、**もう以前の自分には戻りたくない**と思っています。

第 1 章

プレレッスン

まず、バッグの中を整理してみよう

片づけのヒントはバッグの中にあり

「私は家の中を整理したいのに、なぜ最初にバッグなの？」

読者の皆さんの中には、こんなふうに感じた人がいるかもしれません。でも、バッグの中を整理してみると、「使っていないものをずっと入れっぱなしにしていた」「ものを無造作に突っ込んでしまい、必要なときにすぐ取り出せない状態だった」といった、片づけがうまくいかない理由につながる「収納の欠点」が見えてくるはずです。

こういったことは部屋を片づけるときのヒントになりますし、**バッグの整理は部屋の整理よりずっと早く終わるので達成感が得やすい**というメリットもあります。

バッグは本来、出かけた先で使う自分のものなどを持ち運ぶための「入れ物」です。以前、同じ職場の男性が「これで十分」と、スーパーのレジ袋に荷物を入れて歩いていたのを見て「確かに、ものを持ち運ぶという目的だけを考えればレジ袋で事足りるのよね」とその行動にむしろ潔さを感じました（ちなみに財布や鍵など、常に持ち歩くものはポケットに入れていました）。

けれど、私も含めた大半の人がそうしないのは、見た目が気になるのはもちろんですが、

・仕切りがないから荷物を分けづらい

・財布など小物を出し入れしづらい

という機能的な問題があるからでしょう。

こうしてみると、バッグの機能は単に「ものを持ち運ぶ」だけではないことに気がつきます。中のものが必要に応じてすぐに取り出せること、ポケットなどの収納スペースにものがしまいやすいことも、バッグに必要な機能です。私は発達性協調運動障害（ＤＣＤ）の傾向があり、手指の力が弱いので、とくに出し入れのしやすさが重要です。

また、バッグの機能を生かすには、ものの入れ方を工夫することも必要です。それは、部屋を片づけるときに「ものを出しやすくしまうにはどうすればいい

バッグは部屋の状態を映す鏡

か」を考えることにつながっていきます。

実践してみよう　財布～ポーチ～バッグ

では具体的な片づけ方について考えていきますが、手始めに、財布の整理からスタートしましょう。どんどん部屋の整理から遠ざかるように思えるかもしれませんが、**まず簡単なところから始めて、コツをつかむことが重要**だと考えてください。

プロローグで、**片づけに必要なのは「場所を決める」「量を決める」「入れ方を決める」の3ステップ**だということをお話ししました。

財布は、お札入れ、小銭入れ、カード入れなどに分かれており、レシートやクーポン類を除いては、「場所を決める」のステップはクリアされています。「量を決める」ステップは必要ですが、ここをクリアすれば、「入れ方」はほぼ決まっていますから、すぐに実行できて整理整頓の成果が得やすいといえるでしょう。

ここで「自分の求める使い勝手にピッタリ合うように整理できた」「使いやすくて心地いい」という感覚がつかめれば、このあとの片づけのモチベーションにもつながります。

財布の中をうまく整理できたら、次にポーチ、そしてバッグへとステップアップしていきましょう。

パート1　財布の中を片づける

財布について友人や知人たちからよく聞く悩みは、以下のようなことです。

・すぐにレシートや小銭でパンパンになる
・ポイントカードがどんどん増える
・必要なものがすぐに出せない

これらはまさに、次のような部屋の片づけの悩みと同じですね。

・引き出しの中がものでいっぱいになっている
・景品などでもらった小物類が、いつの間にか増えている
・使いたいときに、必要なものがすぐに見つからない

部屋の場合、このような状態が続けば、不便だと感

財布の悩み……

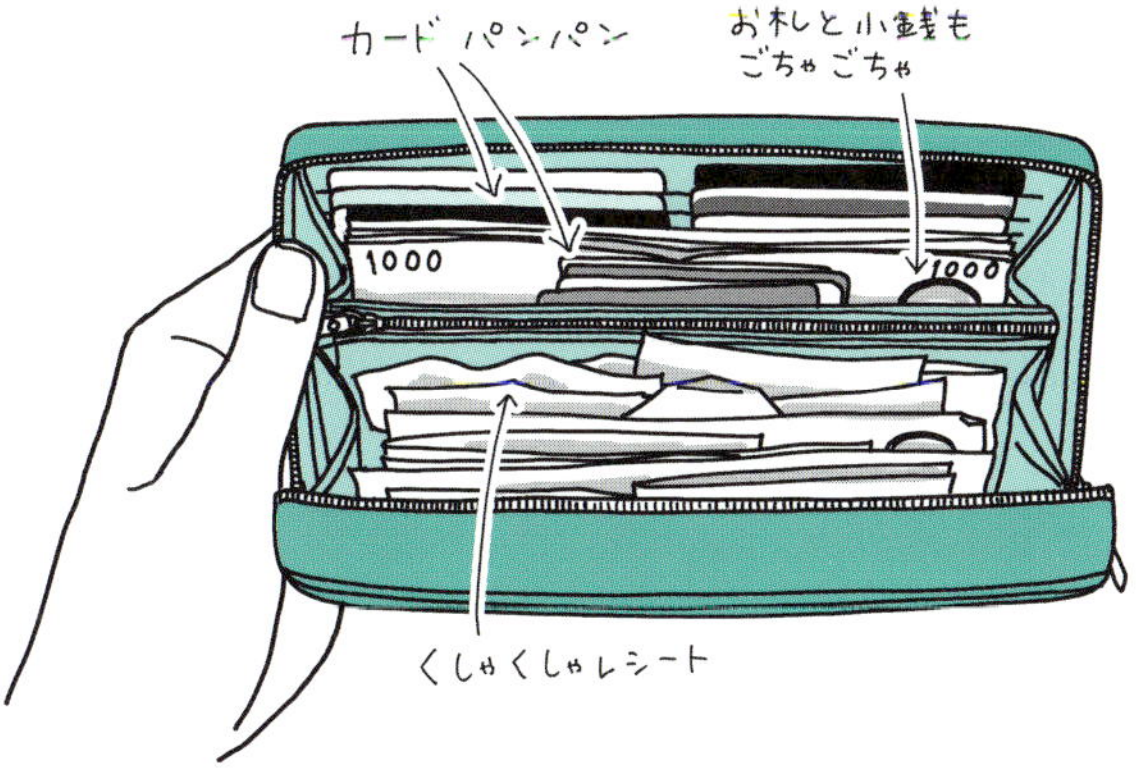

じたり不快に思ったりするでしょうから、多少は片づけることもあるでしょう。

しかし、財布の場合はなんとなく不満を感じながらも「不便さ」に慣れてしまい、「まあ、こんなものかな」と漫然と使っている状態が続いている人も多いのではないでしょうか。そんな人こそ、片づけの効果を感じやすいと思います。どうしたら自分にとって使い勝手のいいスッキリした財布になるか、考えてみてください。

■財布に必要な機能を考える

まず、財布に必要な機能を整理してみましょう。

・小銭やお札を収納する
・クレジットカード、キャッシュカード、保険証、免許証などを収納する
・ポイントカード、クーポン券、レシートなどを収納する

大きくこの3つに分けられると思います。最初の2つは財布に必須の機能ですが、3つめは、あれば便利という感じでしょうか。入れたいものをすべて入れようとすれば、かなり大きな(もしくは分厚い)財布になり、使いにくいうえにバッグの中でもかさばってしまうので、それはそれで不便かもしれません。

財布のどの機能を優先するかは、収納するものの使用頻度によって変わります。日常生活で

現金をあまり使わず、ほとんどカードですませるという人なら、現金よりもカード類を収納することが優先ですから、ポケットが充実していることや、出し入れしやすい位置にポケットがあることが必要になるでしょう。一方、現金しか使わない人なら、お金、とりわけ小銭が出し入れしやすいことが重要です。

■使用頻度で中身を分ける

どの機能を優先するのがいいかを考えるためには、**財布の中身を全部出して、使用頻度ごとに分けてみる**のがおすすめです。

・毎日から週に数回
・週に1回から月2〜3回
・1〜2ヵ月に1回
・それ以下

頻度の分け方は、この4つくらいが適切でしょう。なお、レシートについては財布のどこに入っていたかをチェックしたうえで、印字されている日付を見て、1週間に受け取っている枚数をカウントしましょう。

すると、「頻繁に（週に1回以上）出し入れするものは意外と少ない」「ほとんど使っていないポイントカードが何枚も入っていた」「レシートがいろいろなポケットにたまっていた」ということに気づくと思います。

使用頻度の低いもの、とくに1～2ヵ月に一度以下しか使わないものは、いつも持ち歩く必要はないでしょう。そういうものが多ければ、「入れるものを減らす」ことができそうです。

また、レシートがまとまっていなかったのなら、財布に適当に突っ込んでいるということなので、「レシートを入れるための決まったスペースが必要だ」ということになります。

このように、使用頻度などからわかる問題点を把握したうえで、必要な機能を整理してみると、選ぶべき財布は次の3つのどれかになるでしょう。

1　現金と必要最低限のカード類だけが入るコンパクトな財布
2　現金とカード類のほか、一時的に保管するもの（レシートやクーポン券）を入れるポケットがついている財布
3　1のコンパクトな財布と、頻繁には使わないカード類を入れるカード入れの組み合わせ

「3つもあるの？」と思うかもしれませんが、日常生活では、正解は1つではないことも多いと理解するのも大切です。

ちなみにわが家の場合、夫は1、私は3の選択をしています。夫に理由を聞くと「ポイント

カードやクーポン券はお得かもしれないけど、カード類の管理にそんなにエネルギーを使いたくない」とのこと。つまり、**どの機能を選んでもいいけれど、どれかを選ぶ＝何かを捨てる、**ということになります。私は、財布がかさばることは避けたいし、さらにカード類もある程度持ち歩きたいので3を選択し、ひとつの財布ですべて賄うという簡便性を捨てています。

　ところで、たとえば1の選択をしたいけれど持っている財布は2のポケットつきだという場合、コンパクトな財布を買うことから始める必要はありません。まずは持っている財布に入れるカードの枚数を制限して使ってみて、不便を感じなければ1の財布を買っても遅くないのです。**大切なのは、どれが自分にとって心地いいかを見つけること**だと思います。

あなたに必要な財布はどのタイプ？

■レシートは週に2~3回リセット

ここからは、レシート類、カード類など、アイテム別に考えていきましょう。

財布の中がごちゃごちゃしてしまう原因のひとつが、いつの間にかたまってしまうレシートです。いつかは処分して手元からなくなるものですが、だからといってどこに入れるかをはっきりさせておかないと、財布のあちこちを侵食し始めます。

ポケットがついている財布ならレシートの収納スペースは確保できるでしょうが、入れられる量には限りがあるので、放置しておくとパンパンになってしまいます。

レシートを一時保管する必要があるのは家計簿に記入したりするためでしょうから、その作業をスムーズに行うためにも週2~3回ぐらいの頻度でレシートの収納スペースをチェックし、空にする(リセットする)習慣をつけましょう。保管する必要がないのであれば、もらっても財布に入れずにすぐ捨てるか、一日の終わりに捨ててください。

ポケットのないコンパクトな財布の場合、レシートの収納スペースはありませんから、もらったらすぐ捨てるか、一時的に札入れや小銭入れに入れておくことになります。

すぐに捨てればたまることはありませんが、財布に入れる場合は、帰宅後にすぐ出すようにしないと、札入れの片隅に押し込められたり、小銭入れの中でクシャクシャになったりしかねません。保管する必要があるなら、家に保管場所を設け、帰宅したら財布から出してそこに入れる習慣をつけましょう。

■カード類の絞り込み方

ポイントカード、キャッシュカード、クレジットカード、電子マネーのカードや定期券、社員証、セキュリティカード、免許証、マイナンバーカードに保険証、診察券……。カードの提示を求められる機会は、この数年で増加している印象があります。ほとんどの人が外出時に1回はカード類を利用しているのではないでしょうか。

ポイントカードや電子マネーは、アプリの登場で多少は枚数を減らすことができるようになったものの、持っているカードを合わせるとかなりの枚数になることでしょう。しかし、当然すべてのカードを持ち歩くわけにはいきません。**財布のポケットやカード入れのスペースに合わせて量を決め、持ち歩くカードの枚数を絞り込む**必要があります。

私の場合、コンパクトな財布を選択しているので、カード入れスペースは6枚分です。手持ちのカード類を全部出して検討した結果、運転免許証、キャッシュカード1枚、ポイントカード1枚、クレジットカード3枚の計6枚に絞ることができました。**絞り込む基準は、ズバリ使用頻度です。**選んだ6枚は、「週に1回から月に2〜3回使用」に該当します。それより使用頻度の少ないカード類は、別に持ち歩くカード入れに入れます。

ちなみに、夫に聞いても財布に入れているカード類は6枚だと言います。人間の短期記憶容量（マジカルナンバーともいわれている7±2）を考えると、財布の中を見なくてもどのカードが入っているか覚えていられるという意味でも、6枚というのはちょうどいいのかもしれません。

私は年に2回程度、カードの見直しと入れ替えをするようにしています。生活の区切りがつきやすい年度末の3月頃、そして9月頃に手持ちのカードを全部集めて、使用頻度や年会費、有効期限、アプリで代替できるかといったことを検討するのです。

まず、解約するカードやアプリで代替できるカードなど、不要なものを除いてから、使用頻度の高いカードを選んで財布に入れます。次に、カード入れに入れるカードを選びます。その結果「二軍落ち」となったカードは、家の中に保管場所を作るようにします。

年に2回はカードの入れ替えを

■カード入れを使うコツ

私のようにコンパクトな財布を使っている場合、財布に入れられるのはキャッシュカードやクレジットカードといった頻繁に使うカードに限られます。保険証や診察券、マイナンバーカードといった、それほど頻繁には使わないカード類を持ち歩きたくても財布には入らないので、財布のほかにカード入れを用意することになります。

カード入れは、1枚ずつ入れられる仕切りのついたものがカードを探しやすく、便利です。

仕切りの機能を生かすため、原則として一ヵ所に2枚以上のカードを入れるのは避けましょう。一ヵ所にカードを何枚も詰め込んでしまっては、必要なときにすぐ出すことができません。2枚いっしょに入れていいのは「診察券と保険証」のように同時に使うものだけです。

もちろん、これは財布にカードを入れる場合も同様です。

なお、自営業などの人でレシートの管理を厳密

仕切りつきのカード入れ

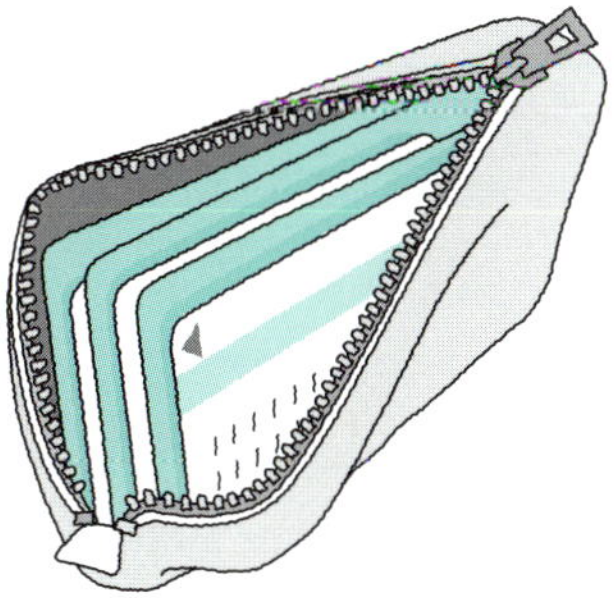

1枚ずつ入れられる仕切りがあるとカードを探しやすい

にしたい、またクーポン券をたくさん使うといった理由で、どうしても財布に入りきらないという場合は、ファイルポケットがたくさんついているチケットファイルを持ち歩くという方法もあります。

財布とチケットファイルの組み合わせか、財布とカード入れ、チケットファイルの3つを持つのかは、持ち歩くカード類の枚数によりますが、持ち歩く「入れ物」が増えればそれだけ管理する場所が増えるので、使いこなすには頻繁にリセットするなどの工夫が必要です。

収納力の高いチケットファイル

クーポン券、レシート、チケットなどが種類ごとにまとめて入れられる

パート2

ポーチの中を片づける

財布の中の片づけで、使用頻度によってものを分け、減らすことができるようになったら、次はポーチの中を片づけましょう。ポーチにもいろいろありますが、女性の多くは化粧ポーチ

を持ち歩いているでしょう。男性は小物や文具などを入れるためにポーチを使う人もいれば、書類用のケースにこれらをまとめて入れている人など、さまざまだと思います。

ここではおもに化粧品や小物を入れるポーチについて考えますが、基本的な考え方はどんなポーチでも同じです。

■入れるアイテムを絞り込む

パート1で整理した財布は、持つ目的が明確で、かつ入れるもののサイズがほぼ規格化されていました。それに対してポーチは、入れるもののバリエーションが幅広いので、大きさやアイテムの分類など考慮すべき項目が増えます。そこで、まずはポーチに何を入れるかを見極めることから始め、入れるアイテムを決めていきましょう。

このときに大切なのが、「ポーチの用途を明確にする」ことです。

たとえば化粧品だけを入れたいのか、化粧品＋ポケットティッシュやヘアブラシ、常備薬といったよく使う小物を入れたいのか、あるいは化粧品＋ソーイングセットや絆創膏のように使用頻度はそれほど多くないけれど持っていると安心なものを入れたいのか、など「何のためのポーチか」ということです。**目的を考えずに漠然とポーチを使うと、結局はものをたくさん持ち運ぶ羽目になります。**

目的を明確にしづらい場合は、ポーチをバッグから取り出すのはどんなときで、そのとき何を使っているかを具体的に思い返してみましょう。私の場合、ポーチが必要になるのは次のようなときです。

1　外出時に化粧室に行ったとき

2　外出時に生理用品を交換するとき

このうち、2は忘れるとピンチなので、専用のポーチを用意し、肌身離さず持ち歩くポシェットに財布などの貴重品と一緒に入れています。すると私の場合、1の際に使いたいものを入れるポーチがあればいいとわかりました。

私がポーチに入れているのは、化粧直し用の口紅1本、リップクリーム、洗口液、デンタルフロスなどです。私はメイクをあまりしないので化粧品をたくさん持ち歩く必要がなく、代わりにそれ以外の化粧室で使うものをまとめて入れているのです。

「歯ブラシは持ち歩かないの？」と思う人がいるかもしれませんが、歯ブラシは長いので同じポーチには入れづらいですし、使用後に濡れたままの歯ブラシを持ち歩くのも抵抗があります。外出先では洗口液とデンタルフロスがあれば十分対応できると判断しました。

ポーチの中身は半年くらいを目安に見直しが必要です。とくに化粧品をたくさん入れている場合は、使い残したものを入れっぱなしにしがちです。使わなくなったものは、中身が多少残っていても取り出して処分しましょう。

■ものは立てて入れる

入れるアイテムが決まったら、それらをポーチに入れていきます。できれば1つのポーチにまとめて入れることをおすすめしますが、「化粧品をたくさん持ち歩く必要がある」「薬をたくさん持っていないと不安」といった理由でポーチに入れるアイテムが多い人は、2つのポーチを用意します。

ただし、ポーチの数が増えるとそれだけ管理がたいへんになるので、持ち歩くポーチは2つまでにしましょう。

ここまで準備ができたら、次は「場所を決める」です。ポーチに入れるアイテムをすべて集め、2つのポーチを持つ場合はアイテムを振り分

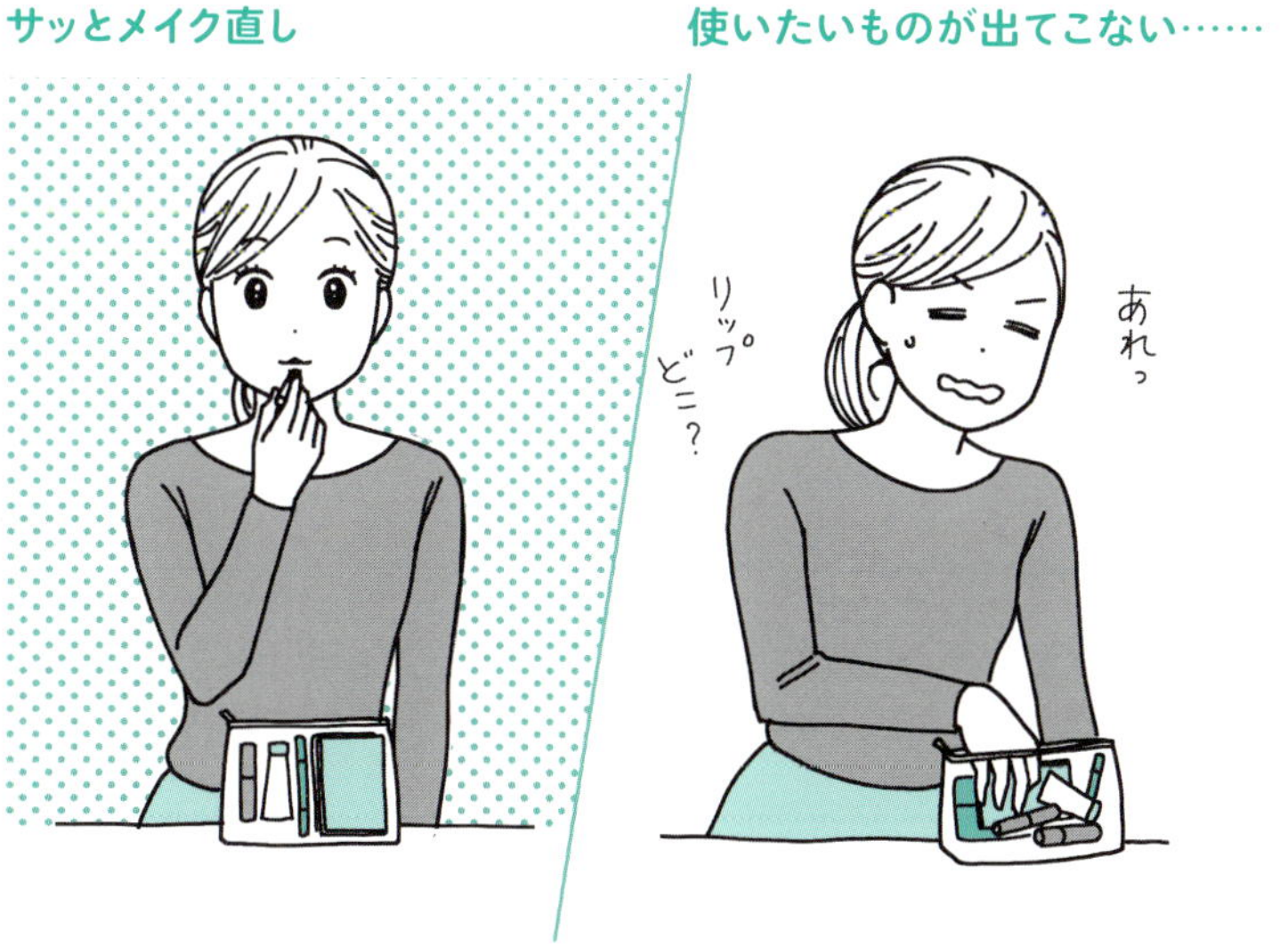

サッとメイク直し
使いたいものが出てこない……

け、何をどこに入れるかを決めます。持っているポーチに入り切らない場合は、入る量に絞ります（「量を決める」）。量を減らす目安となるのは、やはり使用頻度です。ソーイングセットや絆創膏のような安心グッズを除き、1ヵ月以上使っていないものから減らしていきましょう。

仕切りやポケットのあるポーチは便利

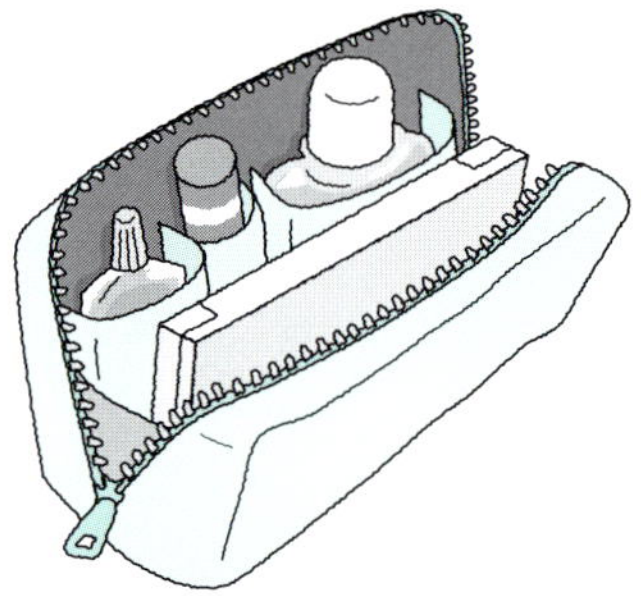

フラットなペンケースなら中のものが見やすい

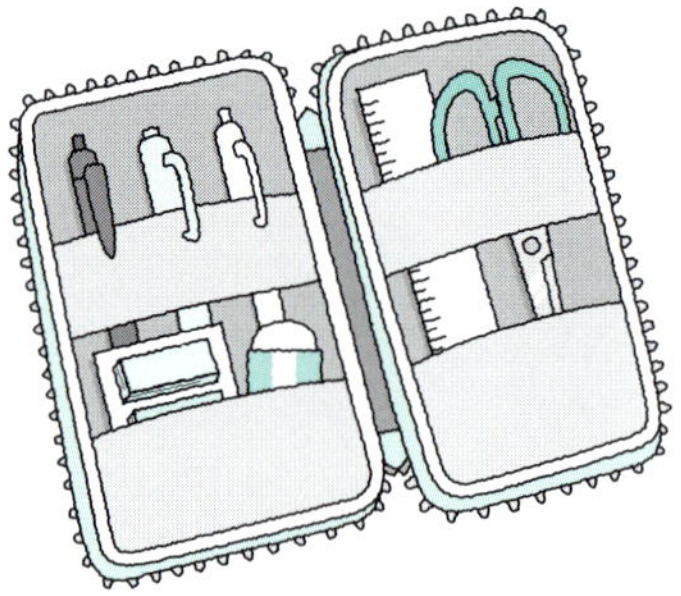

最後は「入れ方を決める」です。「ポーチは小さいし、入れ方を考える必要はないのでは？」と思う人がいるかもしれませんが、使い勝手をよくするためには、入れ方も重要です。

原則的に、**ものは立てて入れるのが出し入れしやすくするポイント**です。これなら外出先で化粧室に行ったとき、使いたいものがすぐに取り出せます。新たにポーチを選ぶなら、イラストのようにものを立てて入れられる形状のものがおすすめです。仕切りやポケットはついているほうが立てやすいので、入れるアイテムに合わせて選びましょう。

ちなみに「立てて入れる」のはペンケースでも同じです。フラットなペンケースにボールペンや万年筆、物差しなどを立てて入れると、開けたときに入っているものがすべて見えますし、重なっていないので出しやすいです。

パート3 バッグの中を片づける

財布、ポーチとクリアしたら、いよいよバッグの中の片づけです。ポーチよりさらに広い空間になりますが、これまで考えてきたことをもとに場所、量、そして入れ方を決めていきましょう。

■大きいアイテムから場所を決めていく

バッグの中がごちゃごちゃになってしまい、**必要なものがすぐに取り出せない大きな原因は、ものの定位置（＝入れる場所）が決まっていないこと**です。とくに、小物の場合、大きなバッグに場所を決めずそのまま突っ込んでしまうと、バッグの中で迷子になって、見つけるのがたいへんです。最悪の場合、バッグの中身を全部出して探す羽目になることもあります。

最近では、書類はＡ４サイズが一般的になってきたため、通勤・通学用バッグはある程度の大きさが必要です。その中に、書類に加えて財布やポーチ、小物類など、大きさも用途もバラバラなものを入れることになりますから、定位置を決めて整理する必要があるでしょう。

まず、ふだんよく使っているバッグの中のものをすべて取り出します。ここで、入れっぱなしにしていたレシートや紙ゴミなどがあれば取り除いておきます。そして、あらたにバッグに入れたいものがあれば、それもいっしょにしておきます。

定位置を決めるには、大きいものから入れていくと整理しやすいです。ノートＰＣやタブレ

まずは2つのゾーンに仕切る

ットPC、書類保存用ファイルといったある程度の大きさがあるものをまず入れることで、バッグの中を2つのゾーンに仕切ることができるからです。

次に、レジ袋、防災グッズなど、頻繁に出し入れしないけれど常時携帯しているものをバッグの下のほうに入れます。こういったものは、とくに出しやすい場所に入れる必要はないからです。ただし、「折りたたみ傘はピッタリ入る外ポケットに」など、あらかじめ入れる場所が決まっているものがあれば、そこを定位置にします。

その後、ポーチやペンケースなどやや小さめのものを入れます。小さめとはいえ、バッグを開けたときにどこにあるかはすぐにわかるサイズでしょうから、大きめのもので仕切られたバッグのゾーンのどちら側に入れるかを決めておけば十分でしょう。

仕事用の資料やノート、本など、その日によって入れ替えるようなものは、ポーチやペンケースのゾーンの反対側に入れます。

■ 小物の定位置は「小さいスペース」

ここまで決まったら、残るは小物です。財布や携帯電話など、バッグから頻繁に出し入れするものや、ハンカチ、眼鏡、名刺入れ、鍵、ＩＣカードといったバッグの中で行方不明になりがちなものの場所を決めましょう。

ここで重要なのは、**バッグの中で動かない場所に入れる、**ということです。先ほど場所を決めたポーチやペンケースは、持ち歩くうちにバッグの中で多少動いたとしても、行方不明になることはまずありません。

しかし小さいものの場合は、バッグの中のゾーンを決めておいても、その中で動いてしまうと、バッグの底に埋もれたりして迷子になりがちです。

ですから、小物の場合はバッグについているポケットなどの「小さいスペース」を定位置とするのがいいでしょう。財布や携帯電話は、出し入れのしやすさを考えてバッグの内側の上部にあるポケットなどを定位置とするのが基本です。

仕切りやポケットがたくさんついているバッグなら、小物の定位置は決めやすいのですが、仕切りやポケットが少ないタイプのバッグには工夫が必要です。

私はA5サイズのバッグインバッグを使っています。A4サイズの書類が入るバッグの場

A5サイズのバッグインバッグがおすすめ

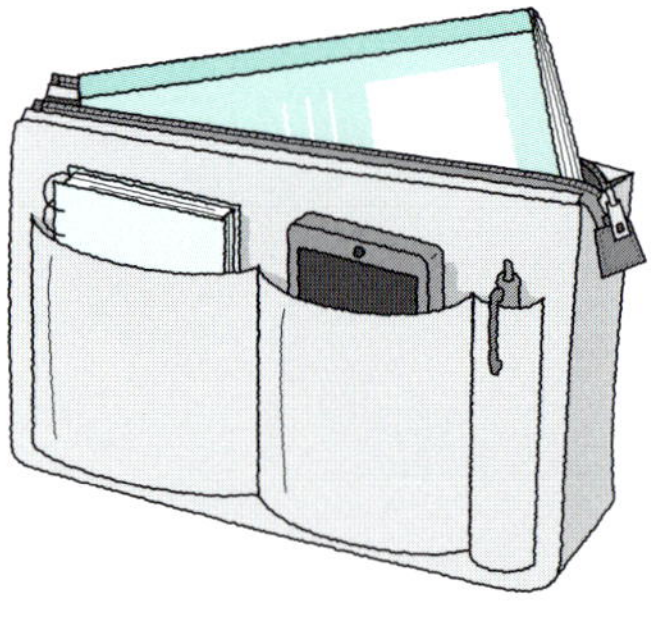

外ポケットに小物を入れておけば、迷子になることもなし

合、半分のA５サイズなら入れたときに収まりがよく、バッグをゾーン分けする仕切りとしても使えるからです。

バッグインバッグは、外ポケットがいくつかついているものがおすすめです。それぞれのポケットを小物の定位置にすれば、しまい場所が明確になります。トートバッグのようにバッグの口がオープンになっている場合、財布などはファスナーつきのバッグインバッグに入れておけば、防犯上の心配もありません。

■ものが「動かない」ように入れる

ここまでバッグにものを入れてみて、入れたいものがすんなりバッグに収まれば、「量を決める」については問題ありません。

しかし、ここまででバッグがパンパンに膨らんでしまった場合は、ものを出し入れしづらいため、中身を減らす必要があります。ここでも、減らす基準はやはり使用頻度です。１カ月以上使っていないものは、持ち歩く必要がないと判断してバッグから取り出しましょう。

最後に「入れ方」です。バッグの中も、ポーチと同様「立てて入れる」が基本です。ノートPCなどの大きめのアイテムは立てて入れることで仕切り代わりになりますし、ポーチやペンケースなども、できるだけ立てて入れたほうが出しやすいでしょう。

一方、小物の場合は入れる場所を「ものが動かない」ところに決めておけば、入れ方は自ずと決まってきます。

また、鍵や定期券などのＩＣカードは、１００円ショップなどで売られているリールつきのストラップやカラビナ、リングを活用してバッグの持ち手につなげておくと、バッグの中で迷子になることはありませんし、必要なときにサッと取り出すことができて便利です。ＩＣカードは、リングつきのケースに入れてストラップなどに通すといいでしょう。

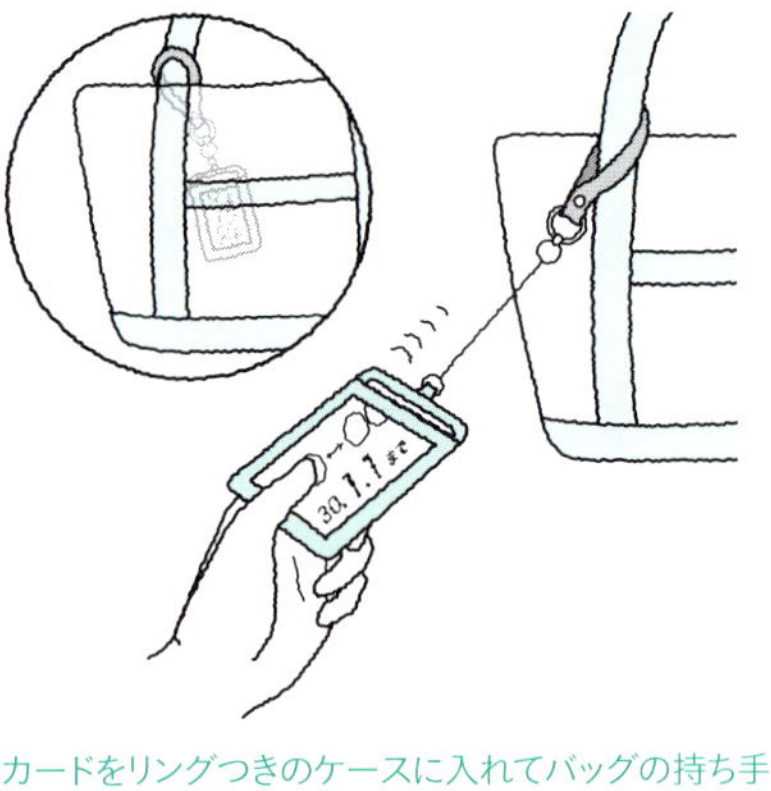

ICカードをリングつきのケースに入れてバッグの持ち手につなげておけば、迷子にならない

■バッグも「収納場所」にする

ところで、皆さんは帰宅後、バッグをどうしていますか？　定位置を決めていますか？　バッグは、帰宅後に中のものを出し入れする場所の近くを定位置にするのがおすすめです。

私はリビングにポールを設置し、そこにバッグをかけています。傘や帽子、コートなどは、次に出かけるときまで使うことがないので玄関付近を定位置にすればいいのですが、バッグの場合、帰宅後に中からものを取り出して作業をすることが多いので、定位置が玄関では遠すぎます。

仕事で使った書類を確認する、財布からレシートを出して家計簿をつける、買ってきたものなどを分ける、水筒をキッチンへ持っていくといった作業を私はほとんどリビングで行っていますから、バッグはリビングに置いておくと都合がいいのです。テーブルそばには手帳を入れるかごを置いて、いつでもスケジュールを確認できるようにしています。

今はスマートフォンやパソコンのバッテリーなど、充電が必要な機材も多いですから、外出先で充電切れにならないよう、帰宅後にバッグから出して充電することも習慣にしています。帰宅後にバッグを適当な場所に置きっぱなしにすると、充電を忘れてし

リビングに置いたポールをバッグの定位置に

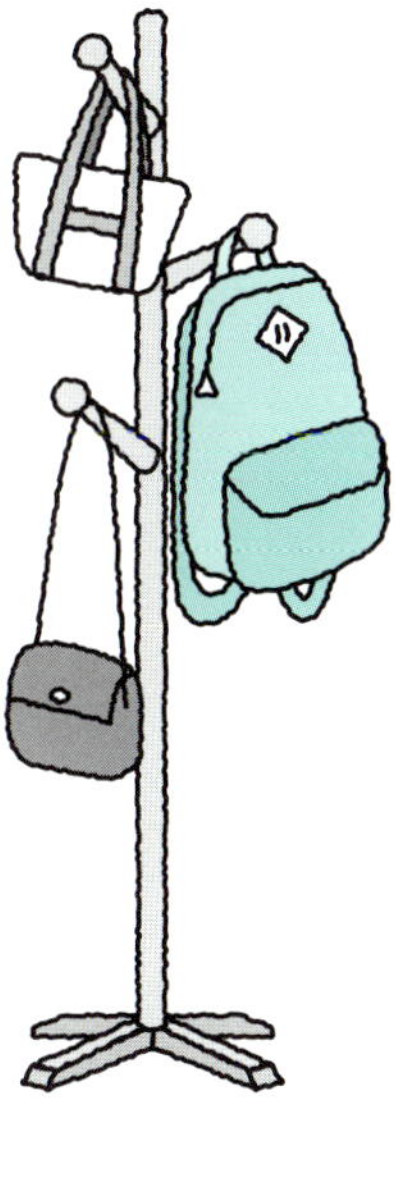

まいがちになるため、帰宅後にバッグからものを出すことはほとんどないという人は、充電する場所の近くにバッグの定位置を決めておくといいでしょう。

中には、バッグの中身を全部出してトレーなどに入れておき、毎日入れ直すという人もいるでしょう。たしかに、その日のファッションに合わせてバッグも毎日のように替えるという人にとってはそのほうが合理的かもしれません。

でも、私はうっかり何かを入れ忘れてしまうのが怖いので、**メインで使うバッグを決めておき、荷物はそこに集約する**ようにしているのです。もし、他のバッグを使ったときは、帰宅後に必ずメインのバッグに中身を戻しています。つまり、メインのバッグを持ち物の収納場所としても活用しているというわけです。

メジャーは買い物の必需品

買い物をするとき、私があたりまえにやっていることでよく驚かれるのが、メジャーで必ずサイズを実測していることです。バッグに限らず、収納に使うかごなどを買うときにもよく使うので、外出時にはメジャーを持ち歩いています。

「なんとなくよさそう」という漠然としたイメージや「このくらいのサイズなら必要なものは入るだろう」という憶測で失敗してきた経験があるので、具体的に確認することが大切だと思うようになったのです。

たとえば、折りたたみ傘はバッグの外ポケットに入れると決めているので、あらかじめポケットのサイズを測っておき、新たに傘を購入する際にはそのポケットに入る長さ、太さかどうかを測って確認しています。キッチンの棚に入れて使うかごを買いたい場合は、あらかじめ棚の幅と奥行き、高さを測っておき、お店でかごの寸法を測ってそこに収まることを確かめてから購入します。

また、通販で購入する際にはサイズと重さを調べ、メジャーとはかりで「このくらい」と実物のイメージを明確にします。

新しいものを買う前に一度、インターネットで画像を検索してみるのもいいでしょう。そうすると「これはいいかも」「ちょっと使いづらいかな」などとイメージしやすいです。レビューを参考にするときは、評価が高いものだけでなく、低いものも読むようにすると、「買ってみたら使いにくかった」という失敗を減らすことができるでしょう。

そうして事前情報を得て、自分に必要なものを明確にしたうえでお店に足を運び、実物を見て使いやすそうか、持ち運

インターネット通販の落とし穴

びしやすいサイズかといったことを確認する（物件の案内や内覧のようなものですね）とより確実です。私はバッグを買うときには、店員さんに許可をもらい　入れたい荷物を中に入れてみて、使い勝手とサイズを確認します。

こうした買い方に慣れていけば、インターネットの情報だけで買い物をしても失敗しなくなります。

は〜〜〜
片づけなきゃな〜〜
ごちゃ〜〜
あ
スリ〜〜
なんだなんだ遊んでほしいのか？
あ 今週号まだ読みかけじゃん
週刊まんが
30分経過——
ちょっと—— 今は片づけをするときでしょっ!!
そ そうだった…
注意が移りがちで目についたことを優先させがち
え——と
これはどこにしまうんだっけ
ここだったかな
これはこのへんでいいや
ポイ
ポイ
あれ？
ねー 爪切りどこに行ったか知らない？
ここだよ

えっ なんで そこに？
爪切りは ここにしまう ってこのまえ 決めたじゃん
あ… ごめん
しまい場所を 決めても 忘れてしまう
いったん 覚えると 変更が難しい
やっぱり 爪切りは あそこに しようか
え？
え？
そのジーンズ ファスナー 壊れたのね
そうなんだよ
でも 気に入ってるから 捨てたくないなー
じゃあ 修理に出す とか？
そうだね
と言いつつ 放置してる ものの山…
気に入ったものは ずっと使いたがり 捨てどきに困る
修理依頼を 面倒くさがって 放置する
爪切り なんだけど
しまうより 出しといたほうが よくない!?
たとえば ここに トレーに 入れて…
いーじゃん そうして みよっか
やることが 明確になって くると自分なりに 工夫できる

由美のアドバイス

①途中でアラームを鳴らす

他のことに注意が移りがちで、今やるべきことより目についたことを優先しがちな夫のようなタイプの場合、片づけを始めた30分〜1時間後くらいにアラームをセットしておくのがおすすめです。他のことに移った注意を引き戻すためです。「アラームが鳴ったら何をしていても元の作業に戻る」というルールは、片づけだけでなくいろいろな場面に応用できます。

②ラベルを貼る

夫はADHDの傾向があって忘れっぽく、ものを移動させると元に戻すのが難しいため、定位置が一目でわかるような工夫が必要です。写真入りのラベルを作り、箱やかご、引き出しの正面に貼っておくといいでしょう。こうするだけで元に戻しやすくなります。

③一目でわかる収納にする

中身が見えるかごや箱にものを立てて収納する、奥行きが浅い棚に並べて置くなど、どこに何があるかが一目でわかる収納にすると、元に戻しやすいだけでなく、ものが探しやすくなります。

また、日用品などのストックが多いと管理するものの量が増えて決めた場所を覚えきれなくなるため、ストックはできるだけ減らしましょう。

④定期的にものを捨てる機会を設ける

夫のようにものを捨てるのが苦手な人は、1〜3ヵ月を目安に定期的に持ち物を見直し、使っていないものを分けて捨てる機会を作るといいでしょう。

たとえば夫婦でお互いの洋服をチェックし、「似合わなくなったと思う」「生地がよれてきたから捨ててもいいんじゃない?」などと意見を出し合うと、捨てるものを決めやすくなります。その際、修理が必要なものの有無もチェックし、必要なものがあればすぐに依頼しましょう。

第 2 章

ものの「場所」を決める

さて、ここからはいよいよ部屋の片づけです。これまで説明してきたように、片づけに必要なステップは「場所を決める」「量を決める」「入れ方を決める」の3つだけです。

この章では、「ものの場所（＝定位置）を決める」ことについて考えていきましょう。

片づけるにはまず「しまい場所」を決める

ものが散らかってしまう大きな理由のひとつとして、「もののしまい場所、置き場所がきちんと決まっていない」ことが挙げられます。

ものの場所が決まっていない理由でよくあるのは、まとめ買いをしたので量が多くてしまえない、進学や就職などで新たに必要なもの（制服、バッグ、本など）が増えた、学校などから受け取ったプリント類を読んだ後でついテーブルの上に置きっぱなしにした、といったことだと思います。きっと、誰もが身に覚えがあるでしょう。

どこにしまうかが決まっていなければ、ものを片づけることはできませんから、**しまい場所**

がはっきりしていないものが増えれば増えるほど、「その辺」に置かれるものが増え、部屋は散らかってしまいます。ですから、まず「場所を決める」ことが必要なのです。

　しまい場所が決まっていなかったり、不適切だったりすることによる損失はかなりのものです。どこにあるかわからずに家の中を探しまわる時間、探すためにものを出し入れするのにかかる時間（扉を開け、中の引き出しや箱を開け、ものを出して閉め、扉を閉めるまで）に加え、それに対するストレスもあります。探したけれど見つからないので新たに買ってしまうこともあるでしょう。

　必要なものが見つからず、すぐに準備できないために、やるべきことになかなか着手できないとしたら、作業の効率も落ちてしまいます。それはとてももったいないことです。使いたいものがすぐに取り

鍵が見つからないと、出かけられない！

出せて、すぐに行動できる快適さを味わえば、もう元の状態には戻りたくないと感じるはずです。

また、しまい場所が決まれば、そこに入れられる量の限界が明確になり、片づけの次のステップである「量を決める」ときに、どれくらいものを減らせばいいのかが可視化できます。その意味でも、最初にしまい場所を決めることが重要なのです。

戻しやすい場所にしまう

場所を決めることが大切だとわかったら、次は「どうやって場所を決めるか」です。もののしまい場所が決まらない、決めておいてもなかなか定着せずに散らかってしまうのはなぜでしょうか。

よく耳にするのは「元の場所に片づけるのが面倒くさくて」という理由です。私もかつてそういう人間だったので、その面倒くささはとてもよくわかります。面倒だ、と思ったら「元の場所に片づける」ことの「何が」面倒なのかを考えてみましょう。

私の場合は、「使い終わったものを元に戻すのに、離れた場所に移動するのが面倒くさい」ということでした。これは多くの人にあてはまることではないでしょうか。それならできるだけ移動を減らすため、**しまい場所は使い終わったら苦もなく戻せる範囲に決めればいいのです。いちばんいいのは、ものを使う場所の近くにしまうことです。**

たとえば、仕事でよく使うメモ帳や筆記用具は、収納ボックスに入れてダイニングテーブルの上に置いています。私は家でも仕事をしていますが、おもにダイニングテーブルを使っているので、私の座る位置に近い場所に収納ボックスを置くと便利なのです。仕事のときにはパソコンやスマートフォンを使うことも多いので、テーブルの下に電源コードを這

手の届くところに何でもあるって便利！

わせ、そこに充電コードを差せるようにしてあります。

また、第1章にも書きましたが、バッグ類はリビングで荷物を出し入れすることが多いので、ポールを置いてそこに吊るしています。

「苦もなく戻せる範囲」のわかりやすい例はこたつの周りです。こたつに入っているときには、手の届く範囲についついいろいろなものを置いてしまうことがあると思いますが、あれを「体裁よく」できればいいのです。

しまい場所の固定観念を捨てる

先ほど、いちばんいいしまい場所は、ものを使う場所の近くだとお話ししましたが、**もののしまい場所に対する固定観念が、適切な場所にしまうのを邪魔することもある**でしょう。このことは、意外と見落とされていると感じます。

私たちはつい、「歯ブラシは洗面所」「料理本は本棚」などと決めつけがちですが、それが必ずしもいいしまい場所とは限りません。たとえば、わが家では歯ブラシセットをキッチンのシンク付近の棚に置いています。食後の歯磨きをキッチンでしているので、その近くにあるほうが便利なのです。

また、キッチンカウンターの近くに本を置くスペースを作り、そこに料理本とキッチン家電の取扱説明書を置いています。

料理本が近くにあれば、料理の前にすぐにレシピを確認できます。キッチン家電の取扱説明書が近くにあれば、料理をしている途中でキッチン家電の使い方や故障かどうかなどを確認したくなったときに便利です。本棚に料理本を取りに行ったり、リビングの引き出しに取扱説明書を取りに行ったりするより、出すのもしまうのも楽です。

つまり、「キッチンカウンターは何をするため

迷ったらすぐにレシピを確認！

書はそこに置くのがいちばん使いやすい」という答えが導き出せるというわけです。の場所か」を考えてみれば、「料理をする場所なのだから、料理本とキッチン家電の取扱説明

小物はよく使う場所に1つずつ置く

使う場所の近くにものを置くには、同じものをいくつか用意するという方法もあります。

多くの人から相談されるのが、はさみやボールペン、耳かき、爪切りといった細々としたものがよくなくなって困る、ということです。

これらはリビングや洗面所など、1ヵ所にまとめてあることが多いようですが、家族が多いと、それぞれが取り出し、使ったところに置きっぱなしにするということが起こりやすく、結果として「よくなくなる」ということになるのだと思います。

わが家では、細々としたものは同じものを複数用意し、よく使う場所に1つずつ置いています。はさみやボールペンはリビング、寝室、洗面所、玄関、夫の仕事部屋などに。耳かきや爪

切りもリビング、寝室、洗面所に1つずつ置いてあります。

一人暮らしなら1ヵ所にまとめてもいいのですが、家族がいる場合は、**あえてよく使う場所に分散させておくと、元に戻しやすくなり、むしろ散らかりにくくなる**のです。これも、しまい場所の固定観念にとらわれない考え方だと思います。

人間は基本的に面倒くさがりです。ものを使う前は「それを使って○○したい」という目的のためにしまってある場所まで移動しますが、目的を果たしてしまうと、使い終わったものを頑張って元の場所まで戻すなんてことは、できる限りやりたくないのです。ですから、**頑張らなくてもすむしくみを作ることが、散らかりにくくするコツ**だと思います。

ところで、しまい場所の固定観念にとらわれると、戻しにくいだけでなく、必要なときにすぐ使え

支度がスムーズ

あちこちにあると面倒〜！

ないこともよくあります。

私は葬儀に関するもの（フォーマルバッグ、数珠、袱紗、香典袋、黒いショールなど）を喪服がしまってあるクローゼットの一つの引き出しにまとめて入れています。

喪服はクローゼットに、数珠は仏壇の引き出しに、袱紗はリビングの引き出しに、香典袋は封筒類と一緒にダイニングの引き出しに、という具合にバラバラにしまってあると、いちいち取り出す手間がかかるうえに、どこにしまったかを忘れて「あれ、袱紗はここじゃなかったっけ？」などと探しまわることになる可能性が高く、支度に手間取ってしまいます。

1ヵ所にまとめてあれば、必要なものをすべて一度に取り出せるので、支度がスピーディーにできるというメリットがあるのです。

「使ったら戻す」を意識する

戻しやすいしまい場所を決めることができたら、**「必ず元の場所に戻す」「極力例外を作らな**

い」ということが、片づいた状態を維持する重要なポイントになります。

わが家では先日、洗いかごをめぐって夫と言い合いになりました。彼は食事の後片づけをしてくれるのはいいのですが、洗ったものが乾いた後も、食器棚の中に戻すのを面倒くさがって洗いかごに入れっぱなしにしていることがしばしばでした。

いつも置いてあるはずの場所に食器や調理器具がなく、私の調理作業が中断してしまうことが何度かあったので、「洗いかごにいつまでも食器を入れっぱなしにしないで！　次の洗い物を入れられないし、元の場所にないと探すことになるでしょ」「洗いかごは洗った食器を入れて乾かすための場所だから、乾いた食器がここを占拠しているのはおかしなことでしょ？」と説明したら、そこでようやく「あ、だから片づけないといけないのか！」と納得したようです。

つまり、しまい場所が適切でも、「元の場所に戻す」ことをしないと、使いやすい状態にはならないうえに、結局散らかってしまうことになるのです。

シーズンオフの収納場所を決めておく

いろいろな人から片づけについて話を聞いていると、季節用品がシーズンオフになったときの収納場所を確保していない印象を受けます。扇風機などを必要に迫られて買い、シーズンが終わっていざ片づけようとしたらしまう場所がなかった、しまおうと思っていた場所に入らなかったといった理由で出しっぱなしにしているという話をよく耳にします。極端な場合には、出しっぱなしにしたものがきっかけで周辺にどんどんものがあふれてしまうということにもなりかねません。

新たにものを買う場合は、必ずしまい場所を確保しておくこと。とくに季節用品の場合は、シーズン中のしまい場所に加え、シーズンオフのしまい場所も決めたうえで購入するようにしましょう。その際、予定の場所にそれが入るかどうか、実測して確かめたうえで購入することがポイントです。

「一時置き」で片づけを一時停止

もののしまい場所は決まっているけれど、すぐに定位置に戻せないときに便利なのが「一時置き」です。これは文字通り、「一時的にものを入れる場所」で、箱やかごを使うといいでしょう。

私は今でこそ一時置きを使いこなしていますが、片づけが苦手だった頃は、その場に散らかっているものをすべてしまい込み、「あ、一時置きがいっぱいになっちゃった。じゃあ、また一時置きを作ればいいや」と、どんどん一時置きが増えてしまっていました。

さらに、一時置きにものを入れたことで安心してしまい、それっきり中身を見ずにいることもしばしばでした。何ヵ月もたってから、「あれ？　この箱には何が入っているのだろう」とフタを開けてみて、「あっ、この前探していたものがここに!!」と本末転倒な結果に陥っていたのです。

そのような事態になってしまっていた理由は、「何のために一時置きを作っているのか」をしっかり意識できていなかったからです。「一時置きはちょっとした収納場所」というくらいに考えていました。

　ものを使い終わったらすぐに元の場所に戻す、買ってきたストック品はすぐに収納するなど、いつでもマメに片づけることができていれば、一時置きを作る必要はありません。でも、頭で理解していることと実際の行動や生活にはギャップがあります。数日後にもう一度使うから出したままにしておきたい、といったことはしばしば起こるものです。**完璧主義になって理想の状態を追い求めすぎると、かえって片づけが滞りがちになることも多い**のです。

　一時置きは、理想の状態と現実の状況とのギャップを埋めてくれる緩衝地帯のようなもので、**「使い終わったら元に戻す」という作業を**

一時置きの増殖が止まらない〜！

「一時停止」して部屋を片づいた状態に保つために必要なものです。私はそのことに気づいたとき、「一時置きはもののしまい場所ではない」「いつかは元の場所に戻す必要がある」ということがすんなり理解できました。

そして、一時置きをきちんと機能させるためには、自分なりのルールを決めてそれを厳守する必要があることにも気がついたのです。

一時置きを生かす3つのルール

一時置きの便利さを生かしながら、どんどん増えてしまうという危険を避けるために、私はいくつかの習慣づけから始めました。「一日に少なくとも1個の一時置きの中身を点検する」「買ってきてとりあえず入れたものがあったら、その日のうちにしまい場所を決める」「すぐに使わないものが入っていたら、その日のうちに元のしまい場所に戻す」といったことです。

また、私の場合はとにかくフタがあると中身を認識することができなくなると悟ったので、フタつきは避けて、フタのないかごや中が見えやすい半透明のケースを使いました。１００円ショップやスーパーで売っているようなものです。それほどたくさん入るわけではなく、中が見えるのでものが探しやすく、重宝しています。一時置きの中身が目につきやすいようにしただけで、とたんに床にものが散らからなくなったように思います。

こうした試行錯誤の中からできあがったのが、**「一時置きをきちんと機能させるための３つのルール」**です。

ルール❶ 1つの用途に対して1つだけ

まず、一時置きの目的・用途を確認しましょう。「リビングに家族それぞれが持ち込んだものを置くため」であればリビングに１つ、「仕事や作業の途中段階のものを置くため」であれば、その作業をする場所の近くに１つ置くことになります。１つの用途に対して置いていい一時置きは１つだけ。当然、**同じ場所に2つ以上の一時置きが置かれることはありません。**

片づけが苦手だった頃の私がやっていたように、「一時置きがいっぱいになったから新たな一時置きを作る」ことをやると、先延ばしにしている片づけ作業がどんどん増えていって収拾がつかなくなるのは明らかですから、**一時置きは増やさないのが鉄則**です。

ルール❷

一時置きに入れていいものを決める

「一時置き」として設置したはずが、気づくと一時置きではなくなり、しまい場所と化してしまう最大の理由は、入れるものの選択を誤ることです。私は、入れていいものを次の4つに限定しています。

・数回袖を通したけれど、まだ洗濯しない服
・これからまた使うので、しまわずに置いておきたいもの（1週間程度を限度に）
・一時的に手元にあるもの（図書館から借りた本など）
・返信が必要な郵便物

4つのうち、最初の2つはしまい場所が決まっているものです。それぞれ、洗濯し

ここはキミの場所じゃない

たあと、使い終わったあとには、本来の場所に戻します。後の2つは、いずれ手元からなくなるものです。それぞれ、図書館の返却期限、返信の期限にはものがなくなりますから、戻す場所は必要ありません。

つまり、一時置きに置いていいのは、このどちらかにあてはまるものだけ。逆に言えば、**しまい場所の決まっていないものは置いてはいけないということです。なぜなら、本来の置き場所が決まっていないものは、元の場所に戻しようがない**からです。

ルール③ 定期的に中身を全部出して元の場所へ戻す

一時置きは、あくまで「使い終わったら元に戻す」という作業を一時停止するための場所ですから、いつまでも一時停止したままにしておくと、「何でも吸い込むブラックホール」状態になってしまいます。

散らかりがちなリビングなどで「床やテーブルの上にあるものを入れる場所」として機能させてもいいですが、それは片づけ作業を先延ばししているに過ぎません。その自覚を持って、定期的に（最低でも月2回）中身を全部出して仕分けし、元の場所へしまう作業をすることが不可欠です。

「一時置き」で片づけのメリットをつかむ

家族に片づけが苦手な人がいる場合、一時置きを「ものをどこかへしまう」ことの習慣づけとして導入してみましょう。一時置きの適切な活用法とは少し違いますが、両親や家族に片づけてもらって当然と思っている子どもや、なかなか片づけに取りかかれない人には有効です。「ものを探しまわるストレスが軽減された」という実感を持つことは、片づけへのモチベーションになるからです。

まず、家族の共用スペース、つまりリビングやダイニングに置きっぱなしになっている持ち物があったら、一時置きにどんどん入れてしまいます。「あれはどこにある？」と聞かれたら「一時置きのかごの中にあるはずだから探して」と答えましょう。探す範囲が限定されたことで、探し物はすぐに見つかるでしょう。すると、次に必要なものが見当たらなかったときは自分から一時置きの中を探すようになります。

こういうステップを踏むと、徐々に片づけのメリットを感覚でつかめるようになるのです。

あら
安い!
大特価
58円
何かあったら
困るし
買っとこう!
これ
ください!
ドッサリ
当面使わない
ものでも
大量に買う
家には賞味期限
切れの缶詰が
たくさん…
お母さん
この押し入れを
占領してる
大量の服は
何…?
娘帰省中
10年前に
亡くなった
おばあちゃん
のよ
私将来
着るかも
しれないじゃ
ない?
うわっ
ここには
大量の
タオル
こっちにも
あっちにも
こっちにも
介護してた
ときに使ってた
ものかしら
あとは
安売りしてると
買っちゃうのよ
ね~~
アハハ~
しまい場所を
決めても
次々と買うため
場所から
あふれ出す
ひぃ~
その結果
しまい場所が
分散してしまう
お母さん
冬物のパジャマ
どこだっけ?
ああ
パジャマなら…

2階の寝室の たんすの上の 衣装ケースの 右から2個目
なんでこんな 高くて取り にくいところ に!!
しかも 一見きれいに たたんで あるけど
夏用冬用 メンズ レディース ごちゃまぜ
全部 広げないと 探せない 〜〜!
自分なりの ルールでしまって いるので他人に わからない
みつかったけど また全部 たたんで しまうの 超絶イヤ…
しょうゆの ストック どこいった かしら
カラッ
ゴチャ〜〜
う——ん みつからない…
××商店
しょうがない
おしょうゆ くださいな——
はっ
あら こんなところに しょうゆストック あったわ
買って きたのに
ものが多すぎて どこにあるか わからず新たに 買うという 悪循環
お母さんもう 私が片づけて あげるよ
だめよ
あなたがやったら どこに何があるか わからなく なるじゃないのっ
他人に依頼 するのが 苦手
「どこに何が あるか わからない」のは こっちのセリフ なんだけど!!
あら そう

由美のアドバイス

①家族にものを減らしてもらう

自分以外の家族がものを探せないのは、その家にものが多すぎる証拠です。Aさんのようにものを大量に持ちたがる人は、自分で減らすのは難しいでしょうから、家族に頼んで思い切って減らしてもらいましょう。

---

②家族にも使いやすい収納法を考える

どんな収納のしかたをすれば、誰もが使いやすいかを家族といっしょに考え、実行してみましょう。「あれはどこにあるの?」と聞かれたり、「探したけど見つからないから出してよ」などと言われたりすることが減ってくるはずです。

---

③しまうスペースを明確にする

つい余分に買ってしまいがちな日用品、食料品、衣類のそれぞれについて、「棚1つ分」「引き出し3段分」など、しまうスペースの限界をきちんと決め、買っていい量を明確にしましょう。

なかなか守れないようなら、「そこからあふれたものは、家族が処分してもいい」などのルールを作ることも必要かもしれません。

---

④ストックの上限を決める

③の結果、ストックの量が減って不安になった場合は、どのくらいのストックがあれば満足できるのか、その上限を決めましょう。アイテムにもよりますが、最初は3ヵ月分など多めに設定し、慣れてきたら1ヵ月分→半月分のように徐々に減らしていきましょう。

ストックを減らすとものの管理が楽になることがわかってくれば、持たない不安が解消されていくはずです。

第3章

ものの「量」を
決める

ここでは、「ものの量を決める」ことについて考えていきましょう。多くの場合は、第２章で決めた**「もののしまい場所」に入るように、どうやって量を減らすか**ということになると思います。

わが家を訪れた人がまず驚くのが、ものの少なさです。とくに多くの人が管理に悩んでいると思われる洋服や靴、食料品や日用品は、たいていの人に「これだけしかないんですか？」と聞かれます。その後に皆さんが一様におっしゃるのは、「ついいろいろ買ってしまうけど、本当に必要な量って、そんなに多くないんですね」「もっと厳しい目でチェックして不用品を処分しないと……」といったことです。

つまり、ものを減らそうと思ってはいても、実際には、なかなかその決断ができない人が多いようなのです。

まずは、「ものを減らせない」ことの背景にはどんな心理が働いているのか、私自身の経験や、これまで見聞きした事例をもとにまとめてみました。これらを知ったうえで、減らせない心理にどう折り合いをつけていけばいいのかをみていきましょう。

ものを減らせない5つの心理

1　捨てるのがもったいない

実際には使っていないのに、もったいなくて手放せないと感じるのは「もの自体に愛着があるから」または「費やした金額が気になるから」のどちらかであることが多いのです。

愛着があるものは、友人や知人に譲るか寄付をするなどして、誰かに再び使ってもらえれば、もったいないという気持ちは軽減されるはずです。金額が気になる場合は、買い物の失敗を学んだ授業料だと割り切って、誰かに譲ることを考えましょう。

いずれの場合も、半年から1年くらいの期間で区切り、譲渡先が見つからない場合は、中古品を買い取ってくれる店に売るか、それもできない場合は潔く捨ててください。

2　思い出があって手放せない

両親や祖父母に買ってもらって大切に使っていたもの、子どもの頃に描いた絵や作った工作、作文や文集といったものは、手に取るとその頃のことを思い出して懐かしくなるため、捨てがたいものです。

しかしよく考えてみれば、**本当に残しておきたいのはもの自体ではなく、「ものを通して感じる思い出」という場合が多い**のではないでしょうか。そうであれば、写真に残したり、ものの一部を残しておいたり（洋服ならボタンだけを取っておくなど）といったことで満足できるかもしれません。子どもの頃の作品も厳選し、本当に気に入っている数点だけを残して、あとは写真に残すというふうに、考えを切り替えてみてはどうでしょう。

3　捨てる基準がわからない

他の人が見れば捨てても差し支えないと思えるもの（古い、汚れている、似たようなものを持っているなど）や、自分の好みに合わないものでも、なかなか捨てられない人がいます。捨てない理由を聞くと、たいてい「いつか使うかもしれないから」という答えが返ってきます。でも、**その「いつか」は二度と来ないことのほうが多い**のです。

「１年間使わなかったものは捨てる」といった割り切りができればいいのですが、難しい場合は、捨てられないものを実際に使ってみるといいでしょう。そうすると、使い勝手が悪い、使う前の準備が面倒など、「積極的に使う気になれない理由」が見えてきます。すると、「もう捨てどきなんだ」と納得できることが多いものです。

4　捨てるのが面倒くさい

親や親戚、知人などからもらったものを捨てるのは、くれた人に悪い気がする、以前思い切って捨てたものがあとで必要になって後悔したなど、「捨てる」ことにはさまざまなわずらわしい感情がともなうことがあります。そういうわずらわしさと向き合うことが面倒になり、捨てずに取っておくという選択をしている人もいるでしょう。

その傾向が強い人は、もらったけれど使っていないものや、捨てたいと思っているものを入れる箱を用意し、保留期間を設けるようにしてみましょう。一年に一度、中身を取り出してチェックし、出番がなかったものは迷わず捨ててください。保留期間があることで、ものをくれた相手に悪いと思う気持ちも軽減できるはずです。

「いつか使うもの」はどれ？

5　捨て方がわからず先送りしてしまう

発達障害の人の中にはゴミの分別ルールや捨て方がわからずに、ゴミをため込んでしまう人がいます。とくに家電、布団などの粗大ゴミや、スプレー缶、香水などの特殊ゴミなどは、どうしていいかわからないまま捨てるのを先送りしてしまうことが多いようです。

最近は、ゴミの捨て方アプリを配信している自治体が増えたので、それを活用するのがおすすめです。「(住んでいる自治体の名称)＋ゴミ＋アプリ」などのキーワードで検索すると見つけることができるので、これをスマートフォンやタブレットにインストールして使います。

住んでいる地域のゴミ収集日のカレンダーから細かい分別のルールまでが掲載されていて、アラームも設定できるので便利です。問い合わせ窓口の電話番号も表示されていることが多く、タップすれば窓口につながるので、不明点の問い合わせもすぐにできます。

住んでいる自治体にアプリの用意がない場合は、自治体のウェブサイトからゴミの捨て方についてで書かれたページを見つけ、ブックマークに入れておくといいでしょう。

いかがですか？　思い当たることがあれば、ここで提案した方法を試してみてください。ものを捨てることへの抵抗感が軽減されるはずです。

「使ったもの」だけを取っておく

ものを捨てることへの抵抗感が減ったら、次はものの量の減らし方、つまり処分するものをどうやって決めるか、です。**発達障害の人の場合はとくに、判断基準が明確でないと処分するものを分けることが難しい**ので、できるだけわかりやすい基準を決める必要があります。

　ものを減らすのが苦手な人の場合、たいていの人が「要／不要」でものを分けようとしていますが、これは「自分がどう思うか」ということなので、明確な判断基準にはなりません。実際にやってみると「不要」と思えるものは少なく、大多数のものが「要」となっ

ものを分けるときは明確な基準で！

てしまうので、なかなか減らすことができないのです。

ものを減らしたいときに有効なのは、「使った／使わなかった」で分けることです。「1年以内」を目安に期間を決め、「過去1年以内に使ったもの」だけを取っておくやり方です。ここには、「今後1年以内に使う予定があるもの」は加えてもいいでしょう。これなら客観的に判断できますし、明確な基準になるので、分ける作業がはかどります。

最初に量の目安をはっきり決める

それでは、具体的な量の減らし方をアイテム別にみていきましょう。一般に、家にあるものは、洋服や本など、自分の好みやライフスタイルが強く反映される「趣味のもの」と、食料品や日用品、下着類などの「生活必需品」とに大きく分けられます。

まず、「趣味のもの」の減らし方です。「おしゃれ」「こだわり」といった自分の趣味・嗜好にかかわるものだけに、量を減らすにはスキルが必要です。

■洋服や小物の減らし方

女性の場合はとくに、しまい場所に入る分よりも多くの洋服を持っている人が多いでしょう。ですからたとえば、シャツはクローゼットの空きスペースに収まるハンガーの数だけ、Tシャツやトップスは引き出しの上段に入る数だけ、といったように、**最初に量の目安をきちんと決めておく**ことが重要です。次に、そこからはみ出した分をどうやって減らしていくかを考えましょう。

私は手持ちの洋服をまず、この1年以内に「着た」「着なかった」で分け、着たものだけをクローゼットなどにしまいます。「着た」ものでも、ほつれたり形崩れしたりしていて、今後着られそうにないものは外していきます。

続いて「この1年以内には着なかった服」のうち、「来年は絶対に着たい」と思うものだけをより

量の目安を決めて減らす

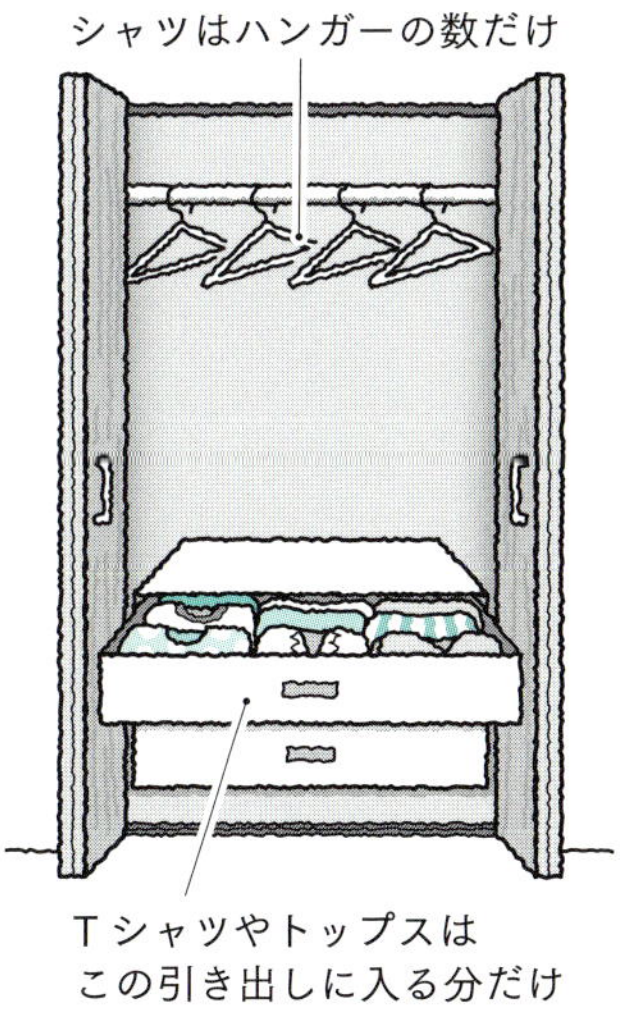
シャツはハンガーの数だけ
Tシャツやトップスは
この引き出しに入る分だけ

分け、必ず試着してから、取っておくかどうかを決めます。試着するのは、以前は似合っていたものでも、年齢や体型の変化とともに合わなくなるものがあるからです。サイズが合わず着るのに苦労したとか、鏡の前に立って「しっくりしない」と感じたら、手放す時期だと思ったほうがいいでしょう。

洋服の数が多く、1枚ずつ着たいかどうかを決めていくのが難しい場合は、似たようなものを2〜3着ずつまとめてそこから1枚を選び、残ったものをまた2〜3着ずつまとめて1枚を選ぶ、というふうにすると量を減らしやすいです。

そのとき、1枚を選ぶのに迷ったら、見た目以外の観点で比較してみましょう。「汗をよく吸う」「薄いのに暖かい」といった機能的な面や、「着たあとの手入れがしやすい」といったかかる手間を比べるために、その服の特徴や手入れの方法を書き出してみるのが有効です。する

体型は変わるもの

と、「このコートは重くて肩がこるから、だんだん着なくなったんだった」「このセーターは手入れが面倒だからあんまり着ていないんだな」と**着ていない理由が明確になって、手放しやすくなります。**

なお、喪服など冠婚葬祭向けの服は、この1年間に着ていないとしても必要なものです。ただしこれも1年に1回程度は試着し、サイズなどを確認すると同時に、汚れやシミ、虫食いなどがないかどうかをチェックします。とくに、喪服は急に必要になることが多いため、着る直前にこうしたトラブルを見つけても、クリーニングに出したり新しいものを買いに行ったりする時間が取れないことがあります。次に着るときに慌てないためにも、1年に1度、確認する習慣をつけましょう。

アクセサリーやスカーフなどの小物類や靴も、洋服と同様に残すものと処分するものを決め、手元に残したものはしまい込まずにどんどん使っています。小物を使うと、同じ洋服でも違った雰囲気を出せるので、洋服を増やさずにおしゃれを楽しむことができます。

■ 洋服と靴は写真ファイルで管理

わが家に来た人に見せて驚かれるのが、洋服と靴の写真ファイルです。下着とパジャマ以外はすべてスマートフォンやデジカメで撮影し、名刺大に印刷したものをA4サイズのファイルにファイリングしています。こうしてみようと思ったきっかけは、ふとした折に「いったい何枚洋服を持っているのだろう？」と疑問に感じたからです。また、「どうも同じような色や形の洋服が多いかも」「新しい洋服がほしいと思うけど、どんなものを買うといいのか今ひとつピンとこない」といった悩みもありました。

　ファイルを作ってみると、人から「それ、いいね」とほめられた洋服の形の傾向（シャツやジャケットの衿、ズボンやスカートのラインなど）や色の傾向（私はモノトーンと寒色系が多かった）を俯瞰《ふかん》することができました。

　その結果、私の体の特性と似合う服の関係にも気づきました。私は体幹が弱いので姿勢が崩れやすく、ゆったりとしたラインの洋服を着るとだらしなく見えてしまうのです。以前からそのことは

作ってみるとメリットいっぱい

漠然と感じていましたが、似合わない理由がはっきりとわかり、どの服を減らせばいいのかが明確になりました。

ファイル作りは冷静に持ち物を見直す機会になり、手間をかけた甲斐がありました。新しく洋服を買いに行くときは、この写真ファイルを持参し、お店の人に手持ちの洋服と合わせるにはどれを買えばいいかを相談することもあります。

ファイリングの際、私はフォーマル、仕事用、カジュアル、スポーツウエアと分類しています。シーン別に分けておくと、予定に合わせて服を選びやすいのです。ただ、発達障害の人の場合、仕事にも着ていくけれどプライベートな外出でも着ることがあるなど、複数のシーンで着る服については分類の判断に迷うことも多いようです。そういう人は、色やアイテムで分けたほうがいいでしょう。

■本・CD・DVDはネットを活用して減らす

本は年に2回ほど総点検し、①仕事に必要なもの、②何度も読み返している古典や哲学書、③好きな作家の本、の3つだけを残すようにしています。処分する本の多くは古本屋へ持って行っています。最近は絶版になった本も、古書がインターネットで入手しやすくなりましたし、図書館はネット予約ができます。「私の蔵書は外にあって、他の人が管理してくれている」と考えるようにしたら、処分する抵抗感が減りました。

　ＣＤやＤＶＤは、以前は専用ラックが必要なほどの量を持っていましたが、掃除のたびにラックを移動させる面倒くささを感じていました。そこに東日本大震災が起こったこともあり、ラックが転倒するリスクも考えて、量を減らしてラックは撤去しました。

　そして、よく聴くもの・見るもの、思い出があってどうしても残しておきたいもの以外は、買い取り業者に持って行きました。

　最近は、音楽も映画なども配信サービスが充実しているため、ＣＤやＤＶＤは極力買わず、好みの音楽や映画をインターネット経由で楽しむことが多いです。


「蔵書は外にある」と思えば本は処分できる

似合う色がわかるカラー診断

洋服を減らすには、カラー診断を受けてみるのもおすすめです。カラー診断というのは、その人の肌や瞳、髪の色などとの相性を見ながら、似合う色（パーソナルカラー）を見つけるものです。ファッションやインテリア、デザイン関係の人にはおなじみかもしれません。

無料診断をしてくれるサイトなどもあるようですが、私はデパートでの有料サービスを利用しました。さまざまな色の布を胸元にかけてもらって顔映りを比較してみると、予想以上に顔色に変化が出てびっくりしました。このときに、洋服の写真ファイル（97ページ）を見せて似合わない色の服をピックアップしてもらい、家で実際に着てみて似合わないと納得した服は、バザーに出しました。

なお、発達障害の人の中には、「似合う」「似合わない」がピンとこないという人も多いので、カラー診断で自分に似合う色、似合わない色を把握することは、コーディネートを考える助けにもなります。

好きなものでも、量の限界は必ず守る

わが家で他の家よりも多いものが、夫の車関係のものと、私の和服関係のもの、つまり純粋に好きで集めているものです。誰にでもこのようなものはあると思いますが、放っておくとどんどん量が増えてしまうため、意識して量を減らすようにしています。

私の趣味の和服は、和箪笥《わだんす》一竿《さお》に入る分だけと決めています。好きなものは、集めたいだけ集めて大量になってから、どこにどうやって収納するかに頭を悩ませがちですが、片づいた状態にするためには、先にしまい場所を決めてしまうこと。そこから**はみ出そうになったら自分が管理できる量を超えたとみなして、ものを減らす努力が必要**です。

私は和服を母や親戚から譲り受けることも多いのですが、その分は、和箪笥に入れている分とは別に天袋に一定のスペースを取って保管し、機会を見てリフォームしています。

リフォームはお金がかかるため一度に何枚もというわけにはいきませんが、徐々にやっていけたらと思っています。逆にお金をかけてまで直したい、手元に置きたいと思わないものはで

きるだけもらわないようにしています。つまり、趣味のものを減らすときには、**管理の手間やお金を費やしてでも持っていたいかどうかが、判断基準**になります。

趣味で集めたものは持っていることがそのまま満足につながるため、しまい込んで見ないものや使わないものでも捨てられないことが多いものです。だからこそ最初にしまい場所を決めることで量の限界をきちんと定め、それ以上は絶対に増やさないことが重要です。

生活必需品のストックは最小限に

洗剤などの日用品、食料品、食器や寝具といった生活必需品は、ないと困るものですが、意外と場所を取ります。こうしたものは種類も多いので、それぞれにストックや予備をそろえて、とやっているとたちまち決めた場所からあふれ出して家が片づかない原因になってしまいます。ストックをどのくらい持つかが、量を決める大きな要素になりますから、ストックを減らす工夫が必要です。

■日用品・食料品のストックは購入サイクルを決める

ものが多い人の家に行って気づいたのは、洗剤やトイレットペーパー、調味料などのストックが棚などにぎっしり詰まっていることです。「計算したら何年分あるんだろう」と思ってしまう家もあり、棚からあふれるほどストックがないと不安になる人が多いようなのです。

でも、ものの量が増えれば増えるほど、場所を取るだけでなく管理も大変になります。賞味期限が先に切れるのはどれかといった確認作業の手間が増えますし、包装が破れたり虫がついたりといった予想外のことが起きていたら、掃除などの作業も増えます。

私は洗剤や石けん、シャンプー、ティッシ

使い切るのにどれだけかかる？

ュペーパーといった日用品や、調味料や粉類、乾物などの食料品について、

1　開封するのは1つだけ
2　使っている場所とストックの場所を少し離す
3　ストックは1アイテムにつき1つだけ

というルールにしています。こうすると、「**いつも使う場所にない↓ストック場所を確認する↓ストックがなくなったら買う**」というサイクルができます。

2の「使っている場所とストックの場所を少し離す」理由は、開封されたものだけを使うようにするためです。冷蔵庫の中の牛乳を例に説明すると、わが家では飲みかけのものは右のドアポケットに立てて、ストックは冷

ストックを買うサイクル

蔵室の右側に寝かせて入れています。少し離しておくことで、誤って開封してしまうことが防げます。

家族が多い場合はとくに、今使っているものとストックを一緒に置いておくと、まだ残っているにもかかわらずストックを開けてしまうということが起こりやすく、ストック品購入のサイクルが乱れてしまうのです。

3の「ストックは1アイテムにつき1つだけ」ですが、トイレットペーパーやティッシュペーパーのように複数個まとめて売っていることが多いものについては、1つずつ買うことはしません。たとえば、ティッシュペーパーなら5個売りが多いので、買ったときにはストックは5個です。最後の1個を取り出したら、5個買うことにしています。

また、特売などでストックをまとめ買いするなど、多少の例外はあってもいいですが、その場合も長くて2〜3ヵ月で使い切る量にとどめましょう。1つストックを開けると使い切るまでにどれくらいかかるかの目安を知っておくためには、洗剤や調味料を新たに開封するとき、容器などにその日付を書いておくといいでしょう。

ストックを減らして管理を楽に

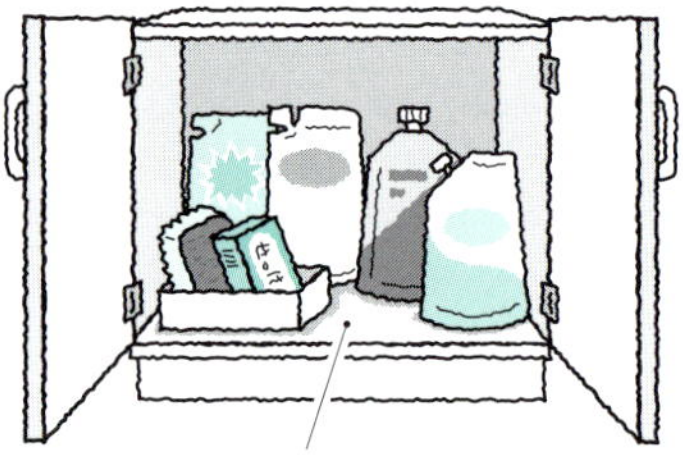

■調味料や洗剤は種類を絞り込む

アイテムの数（種類）を絞る工夫も必要です。ルールとして決めているわけではありませんが、わが家では、**調味料はいろいろな料理に使える基本的なものに絞って買い、用途が限られているものは持たない**ようにしています。

たとえば、ドレッシングやポン酢は原則として買いません。ドレッシングは油、塩、酢があれば自宅でも簡単に作れますし、ポン酢もめんつゆか醤油に柑橘果汁を入れれば家で使う分には用が足せます。

洗剤についても、同様のことがいえるでしょう。食器用、お風呂用、窓用、フローリング用、トイレ用と、それぞれ1つずつでもそれなりの数になります。食器用洗剤は薄めると浴室掃除やトイレ掃除にも使えるので、2～3倍に薄めたものを2週間前後で使い切れる分作ってスプレー容器に入れて使い、軽い汚れにはアルカリ電解水を愛用しています。

日用品や食料品は、細かい用途に対応した新製品が次々に出てくるので、ついいろんな種類のものを持ちたくなります。けれど、**ストックの量に加えて種類も減らせば、在庫の管理が楽にでき、無駄な買い物も減らせます。**

ただ、買い置きがないと不安になる家族がいるとなかなか大変です。その場合は正面切って「こんなにいらない」と言うより、徐々に買う間隔を空けるようにし、ストックが少なくても大丈夫なこと、ものが少ないほうがメリットは多いことを実感してもらうような工夫も必要です。

■食器・調理器具などは基本的なものだけ

食器や調理器具は、食器棚に入る分が量の目安になります。ただし、食器棚になんとか収まっているとしても、ぎっしり詰め込んであって出し入れしにくいようなら、減らす必要があるでしょう。その場合は食器棚からすべての食器を出して並べ、使用頻度をチェックして、**3カ月以上使っていないものから減らしていきます。**

来客用の食器や、頻繁には使わないけれど持っておきたいものは、「食器棚の一段分だけ」のようにスペースを決め、そこに収まる分だけを残しましょう。

わが家の場合は基本的には夫と二人の食卓で、たまにホームパーティーをすることがあるくらいなので、食器類は日常的に頻繁に使う食器（箸3膳、スプーン、フォーク各10本、ご飯茶碗2つ、お椀3つ、湯飲み5つ、スープボウル4つ、麺類用どんぶり4つ、パン皿2枚、パスタ皿3枚、大皿4枚、銘々皿15枚）に加え、そば猪口、耐熱グラス、ガラスポットが出番の多い食器です。

ほかに大人数で食事をする際に使う大皿とカトラリーですべてですが、10名ほどで食事をしても食器が足りなくて困った、ということはありません。

調理器具も基本的なアイテムに絞るようにしていますが、わが家はあまり外食をしませんし、夫も私もおもに家で仕事をしているので一日3食をすべて家で作ることが多く、あまり料理をしない家庭に比べたら、手持ちの調理器具は多いほうかもしれません。

鍋とフライパンを合わせて10個、菜箸とお玉がそれぞれ2つずつ、マッシャー、シリコン製スプーン、フライ返し、料理用はさみ、こし器、ボウル4つ、ざる4つ（取っ手なしと取っ手つきが2つずつ）、フードプロセッサー、スライサー、おろし器といったところです。

家電はオーブンレンジ、トースター、炊飯器、ホームベーカリー、電気ポット代わりの保温ポットをおもに使っています。「ホットプレートはないの？」と聞かれることがあります。これは魚焼きグリルやフライパンで代用できているので持っていません。「あれば便利かもしれないけれど、なくても困らない」と思うものは、よほど気に入ったもの以外は持たないようにしています。

以前はパンやお菓子作りが趣味だったため、たくさん持っていた道具も、パイ型とパウンドケーキ型を1つずつだけにし、クッキーの焼き型などは整理して、大半を小さなお子さんのいるお宅に譲りました。

保存容器も見直して、正方形のもの2サイズと真空保存できるタイプ（それぞれ5個前後）

だけにしました。正方形にしたのは、メーカーが違うものでも入れ子方式で保管できるからです。数が多いと感じる人もいると思いますが、作り置きのお総菜などに加えて、買ってきたお総菜なども保存容器に移し替えているので、使っていないものはほとんどありません。生活のスタイルによって、必要な量は多少違ってくると思います。

■下着やパジャマの洗い替えは少なくても大丈夫

下着やパジャマ、部屋着などの**洗い替えがどれくらい必要かの判断は、洗濯の頻度がポイント**になります。たとえば週に3回洗濯しているなら、2〜3日分の洗い替えがあれば「着るものがない」という問題は起こらないはずです。雨天が続いたり、冠婚葬祭や旅行といった例外的な状況によって洗濯が予定通りできなかったりする場合も想定し、さらに2日分ほど予備があれば安心です。

洗濯機の容量や干すスペースを考えても、収納に必要なスペースを考えても、洗い替えを多くして洗濯の頻度を減らすよりも、洗い替えを減らして最低でも1週間に一度は洗濯するほうが妥当だと思います。

小さな子どもがいると、汚したり汗をかいたりして頻繁に着替えるから、もっと枚数が必要じゃないの？　と不安になるかもしれませんが、私の知るかぎり、そのような家庭ではほぼ毎日洗濯をしています。トイレトレーニングといった時期でなければ足りなくなることはないでしょう。

■寝具は生活スタイルの見直しで減らせる

わが家には、シーツや布団カバーなどの洗い替えはありません。洗濯する日は起床後すぐ外して洗い、就寝時までに乾かしておきます。パッド類、かけ布団と枕も洗える素材を選び、オフシーズン時には汚れていないかどうか点検し、定期的に洗濯しています。洗ってすぐに乾く素材を選ぶようにすると、洗い替えがなくても困らずに暮らせています。

もちろん、帰宅時間が遅かったり、家族が多かったりする場合はこの通りにはいかないでしょうが、洗濯のサイクルを見直してみると、**洗い替え用のストックは1組あれば事足りる**という家庭は多いと思います。

客用布団は2組、リビングの押し入れの天袋に入れていますが、泊まり客を招く機会がめったにないため、ほとんど使っていません。家をリフォームする際などに思い切って処分し、その後はレンタルの布団を使おうと考えています。泊まり客を招く機会が一年に何度くらいあるかを考えてみると、客用布団を持つ必要のない家庭はけっこう多いのではないでしょうか。

じゃーん
最新型ビデオカメラ〜!!
えっ父さんまた買ったの!?
半年前に買ったビデオカメラすぐ使わなくなったくせに!
好奇心旺盛で新しもの好きだがすぐ飽きる
あれは性能が今ひとつだったよな〜
今度のは肌がキレイに映るんだぞ
そのほうがみんなうれしいだろ?
おれ肌がキレイに映ってもうれしくないんだけど
「家族も喜ぶだろう」と自分がほしいものを買い家族に迷惑がられる
またまたぁ〜
見ろよこの包丁の輝き!!
ほれぼれするねェ〜!
うわ今度は包丁セット買ってきたの?
デパートの実演販売で即買いしたらしいわよ
よし!今日は父さんがこの包丁で料理するぞ〜!

完成!!
どうだ おいしいだろ〜〜!?
まー まずくは ないけど…
どうやったら あんなに 散らかるわけ?
自分がやりたいことへの手間は惜しまないが道具をたくさん使い非効率的
ぐちゃ〜
さらに片づけは他人まかせ
あとはよろしく
わしゃねる
まじかよー!?
ちょっと!
父さんおれの場所に自分の荷物置くのやめてっていつも言ってるだろ
しょうがないだろ
この家いっつも散らかってて置く場所ないいんだから
ほとんど父さんの荷物だろ〜〜!?
快適に過ごしたいが自分から片づけることはほとんどしない…

由美のアドバイス

①即買いせず、冷静に考える時間を作る

衝動買いする傾向が強いBさんのような人は、買い物に行ったときにその場ですぐに購入を決断せず、最低でも一晩、考える時間をとってください。その間に、購入したらどこにしまうのか、似たようなものを持っていないか、家族は喜んでくれるか、といったことを考えてみましょう。少しでも躊躇《ちゅうちょ》する要素があれば、それが解決するまで購入は控えるべきです。

---

②必ずしまい場所を決めてから購入する

好奇心が旺盛で新商品に飛びつきがちなので、何かでブレーキをかけないと際限なくものが増えてしまいます。そのブレーキとなるのが、購入前にしまい場所をきちんと決めること。しまい場所がなければ購入するのをあきらめるか、ほかのものを処分して場所を作りましょう。

リビングなど家族の共有スペースにしまう場合は、必ず事前に家族の了解を得てください。了解を得ずに、自分のものをしまうスペースを広げるのは厳禁です。

---

③集めたものには整理や手入れが必須だと認識する

道具はマメに手入れしてこそ、コレクションは他の人にもわかるようにきちんと整理されていてこそ価値があります。

いくら高価な道具でも手入れが悪いと使いたいときに使えませんし、貴重な収集物も押し入れに突っ込んであるだけならただの場所ふさぎでしかありません。整理や手入れが面倒だと感じたものは、潔く処分することを考えてください。

第4章

ものの「入れ方」を決める

「出し入れしやすく」で部屋は片づく

　ここまで、ものをしまう場所を決め、そのスペースに合わせてものの量を減らしてきました。最後は「どう収納するか」です。どんなにきちんと場所を決め、量を減らしたとしても、出し入れがしづらいとしまうのが面倒になり、だんだん散らかっていってしまいます。

　たとえば、クローゼットなど扉のついている収納場所の場合、扉の前にものが置いてあったら、扉を開けるためにはそれをどかさなくてはなりません。すると開け閉めが面倒くさくなり、その中に入っているものはだんだん使わなくなります。

毎日使うものをていねいにしまうのは面倒

また、よく使うものを「扉の中の引き出しに入っているフタつきの箱」にしまっているとしたら、取り出して使うためには、①扉を開ける→②引き出しを開ける→③箱のフタを開けて取り出す→④箱のフタを閉める→⑤引き出しを閉める→⑥扉を閉める、と6ステップ必要になります。しまうときにも再度6ステップ必要です。

使うたびにこんな面倒なことをしなくてはならないとしたら、「わざわざしまわなくてもいいや」という気持ちになったとしても無理はないでしょう。

このように、「出しやすく、しまいやすいように入れる」ことは、片づいた状態を保つためには、とても重要なことなのです。

ものの入れ方は5種類だけ！

まず、ものの入れ方（収納法）と特徴を整理してみましょう。基本的な収納法は次の5種類です。

1　かける（吊るす）
2　棚に置く
3　箱やかごに入れる
4　引き出しに入れる
5　扉の中にしまう

　このうちのいくつかを組み合わせる場合もよくあります。
　5種類それぞれに得意分野がありますので、しまいたいものの特徴や出し入れの頻度に合わせて、入れ方や組合わせを決めていきましょう。

5種類の「ものの入れ方」

① かける（吊るす）
② 棚に置く
③ 箱やかごに入れる
④ 引き出しに入れる
⑤ 扉の中にしまう

1　かける（吊るす）

ワンピースやスーツなど、たたむとシワになったり形崩れしたりする心配がある洋服や、出し入れすることの多いふだん使いのバッグ、アクセサリー、調理器具などに適しています。

フックやバーなどにかけるだけの場合と、ハンガーやS字フックなどにかけたものをさらにフックやバー、ラックなどにかける場合があります。いずれも出しやすくしまいやすいというメリットがあり、出し入れの動作がシンプルなので、子どもにも使いやすい収納法です。

デメリットは、ものがむき出しになるためホコリがつきやすいことです。気になる場合は、ホコリよけのカバーをかけたり、5の「扉の中にしまう」収納と組み合わせたりするなどの対策が必要です。

また、洋服をすべてハンガーにかけるとなると、たたんで引き出しなどにしまう場合よりもスペースが必要になります。だからといって服をかけたハンガーをギチギチに詰めて吊るすと取り出しにくいので、ハンガーとハンガーの間にスッと手を入れられるくらいのゆとりを持たせておきましょう。

服は軽いように見えますが、ものによっては意外と重量があるため、たくさん吊るしすぎると重さでバーやラックが壊れることがあるので、その点からも吊るしすぎは避けましょう。

2　棚に置く

本や箱といった形が崩れにくいものを収納するのに適しています。狭い面積を有効活用したいときに、まず検討すべき方法です。他の収納法との相性もよく、組み合わせて用いることも多いです。

置く、取り出すというシンプルな動作なので子どもでも片づけやすく、袋や箱などに入れて置いておけばそれごと出し入れできるため、片づけがよりスムーズになります。片づけが苦手な人でも導入しやすい収納法といえるでしょう。

ただし、棚の奥行きが深いと奥に置いたものが取り出しづらくなります。この場合、引き出しに入れる（4）と組み合わせる、コの字形の仕切り棚などを置くといった対応が必要です。

また、棚板の間隔が広い場合、食器などを積み上げて収納すると出し入れがしにくくなります。スペースを有効に活用するためには、棚板を追加するといった工夫が必要です。

仕切り棚を活用する

奥行きのある棚にはコの字形の仕切り棚を置いて、奥のものを出しやすく

3　箱やかごに入れる

形が不安定なもの、バラバラになりやすい小物やおもちゃなどをしまうのに適しています。中のものを入れ替えやすいので、使用頻度が同じくらいのものやいっしょに使うものをまとめたり、持ち主ごとに分けたりといったさまざまな使い方ができます。１００円ショップなどにもいろいろな箱やかごがあり、入手しやすいというメリットもあります。

箱やかごには、フタつきのものがあります。フタつきのデメリットは、中に何が入っているかが見えないことです。透明や半透明の材質でない限り、中を確認するためにはフタを開けなければならず、面倒に感じる人もいるでしょう。

フタつきのメリットは、ホコリをよけられることです。わが家では、以前バスタオルを籐バスケットに入れていましたが、ホコリが気になってフタつきの布製の箱に変更しました。箱に取っ手がついているので、出し入れにも便利です。

フタがついていると、積み重ねることもできます

フタつきの箱ならホコリが気にならない

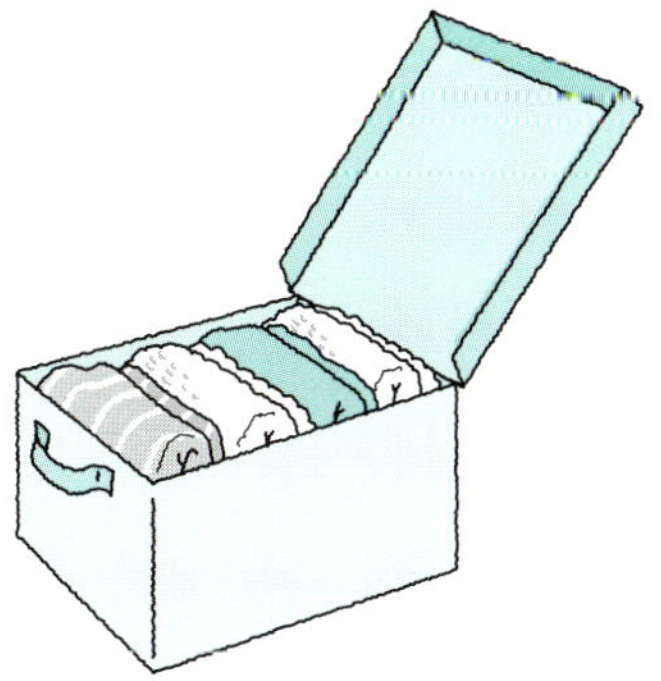

箱やかごは、棚と組み合わせると使いやすい

が、下に置いた箱に入れたものは、かなり出し入れがしにくくなります。①上に積み重なっている箱をどかす→②フタを開ける→③中のものを取り出す→④いったんものを置く→⑤フタを閉める→⑥箱を元の位置に戻す→⑦最初にどかした箱を積み重ねる、という7つのステップを踏むことになるからです。できれば積み重ねずに、箱に合う高さの棚に1つずつ置くなどしたほうがよいでしょう。

中身がわかるようラベルや写真を貼ることも必要です。

4 引き出しに入れる

収納スペースが狭い場所でも導入しやすく、サイズや材質などの種類も豊富です。サイズを選べば、洋服から小物までさまざまなものを収納できますし、ホコリ対策が必要なものや施錠したいものなどを保管するのにも適しています。また、積み重ねても出し入れしやすく、見た目もスッキリします。引き出しの色を変える、ラベルを貼るなど工夫の余地がたくさんあるこ

とも魅力です。

しかし、手前に引き出すためのスペースが必要ですから、その分を考えて置く場所や引き出しのサイズを決める必要があります。

また、奥行きがある引き出しの場合、奥に入っているものが取り出しづらくなりますし、片づけが苦手な人の中には、引き出しを枠に合わせて開け閉めする動作を面倒に感じる人もいるでしょう。引き出しが胸より高い位置にあるといっそう開け閉めがしづらくなるので、高い場所に置くのは避けましょう。

さらに、引き出しを閉めれば片づいて見えるため、中にどんどん詰めてしまって取り出しにくくなったり、中に何が入っているかわからなくなったりすることも、片づけが苦手な人にとってはうまく使いこなせない理由になります。詰め込みすぎると、引き出しの開け閉めもしにくくなります。

ですから、引き出しをうまく使いこなすには、**「詰め込みすぎない」「透明もしくは半透明の材質でできている引き出しを選ぶか、ラベルや写真を貼っておき、開けなくても中に何が入っているかを確認できるようにする」「引き出しの高さいっぱいにものを入れない」**といったことがポイントになります。

加えて、「ものは立てて入れると出しやすい」「小物を入れる場合には仕切りやトレーを使うと引き出しの中でバラバラにならない」といった、ちょっとしたコツを知っておくといいでしょう。

5　扉の中にしまう

ホコリ対策が必要なもの、使用頻度が低いもの、他人に見せたくないものなどをしまうのに適しています。鍵つき扉の場合は、貴重品など鍵をかけて保管したいものを入れることもあるでしょう。ＡＤＨＤ傾向があるために周りにあるものに気を取られがちな人が、すぐに見ないもの（思い出の品など）をしまっておく、あまり使わないけれど捨てるかどうか迷っているものを一時的に入れておく、といった使い方も扉つき収納ならではの活用法といえます。

扉つき収納の代表例は押し入れやクローゼット、ロッカーです。扉の中の空間にただものを入れるだけだと、積み重なってしまい取り出しづらいので、たいていの場合は、かける（1）、棚に置く（2）、箱やかごにしまう（3）、引き出しに入れる（4）、といった他の収納法と組み合わせます。

扉の中にしまう場合、出し入れに必要な動作は①扉を開ける→②中のものを探す→③取り出す→④いったんものを置く→⑤扉を閉めるという5ステップが基本になるでしょう。

片づけが苦手な人は、必要な動作が増えると面倒に感じてしまい、「あとでまとめて入れよう」と思って扉の前にものを置きがちです。そういうことが何度も重なると、扉の前のものが増えてますます出し入れしづらくなり、扉つきの収納場所は「開かずの間」となってしまいます。そして、扉の中はスカスカなのに部屋の中が散らかっている、という本末転倒な状態に陥ってしまうのです。

また、ガラスなどの透明な扉がついている場合は中が見えますが、そうでない場合は何が入っているかを確認するには必ず開けなくてはなりません。片づけが苦手な人にとっては、この点も面倒だと感じられるでしょう。

扉つき収納の場合、引き出しと同様、中が整頓されていなくても扉を閉じればスッキリするため、それだけで片づけた気になってしまう人もいます。すると、どんどんものを放り込んでしまい、もはや何が入っているのかすらわからなくなることがあります。こうなると、出し入れしやすいかどうか以前の問題で、やはり「開かずの間」となるのです。

このように考えると、扉つき収納は片づけの苦手な人にとっては使いこなすのが少し難しい収納といえます。使いこなすには、**「定期的に扉を開ける（扉の前の荷物を片づける）」「中に入っているものがわかるように扉にラベルを貼る」「最低でも1年に1度は中を整理し、不要なものは処分する」**といった対策が必須になります。

発達障害の子どもに片づけを教える第一歩は箱収納

「箱からものを出す」「箱にものを入れる」という動作は、発達過程の中でも早い段階（1歳前後）から出てくるので、子どもに最初に片づけを教えるときに導入しやすい収納法です。棚に置くなどの収納法とは違って、箱という区切られた空間を使うということも第一歩に適しています。ただし、子どもの理解力に応じた箱を大人が準備する必要があるでしょう。

1歳後半～2歳前半までは子どもがよく遊ぶものを入れる箱を1つ固定します（本人が区別できるよう、好きなマークなどをつけましょう）。他人のものを入れない、というルールを決めて、自分の持ち物を意識する練習から始めます。その際、「今、自分が使っているもの」をより明確にするために、週に1回～月に2回は大人が中身を確認して、あまり使っていないものは他の場所へしまうようにするといいでしょう。

そして、「大きい」「小さい」を理解できるようになったら（2歳後半～3歳前後のことが多いです）、小さなものを入れる箱か透明な袋を別に用意し、「大きなものは大きい箱、小さなものは小さい箱」と、ものを分ける基準を意識する、つまり知っていることを実際の生活に活用する練習へと進めていきます。

子ども部屋によくある、大きな箱やかごにものをまとめて入れる収納では、小さなブロックなどをすぐに見つけられずに箱の中身を床にぶちまけて探し、見つかるとそのまま床一面におもちゃを出しっぱなしにして遊ぶ、というパターンになっている場合が多いようです。

子どもに片づけの習慣をつけるためにはまず、「こんなにおもちゃが出ている理由は何だろう？」と親子で考え、片づけるルールをいっしょに決めることから始めてみましょう。

小学校低学年ぐらいまでの大半の子どもは、能力的には仕分けができても、あまりルールが決まっていない場合は「1つの入れ物に全部入れる、中のものを全部出す」以上のことを自主的にはしません。大人がある程度リードして、「ものを分類する基準を伝える」「棚などを用意する」「箱や袋などを子どもに選ばせる」「ないものをいっしょに買いに行く」といった、ものを出し入れしやすい環境を作ることが必須です。

そして、中学から高校生になった頃を目安に、部屋の片づけやインテリアなどを任せる準備を始めていきましょう。

入れ方を組み合わせて、さらに使いやすく

改めて整理してみると、わが家で一番活用している収納は「箱やかごに入れる＋棚に置く」の組み合わせです。

箱やかごに入れるのは、**「いっしょに使うものをまとめられる」「出し入れしやすい」というメリットが大きい**からです。また、「あの箱の中にある！」と探す目安にもなります。たとえばわが家の冷蔵庫には、常備菜のかご、味噌と豆腐のかご、ジャムとマーガリンとクリームチーズのかごがあります。「棚に置く」と組み合わせれば限られたスペースを有効に使えますし、箱やかごに入れたまま出し入れできるので、散らかりにくくなります。

「扉の中にしまう」タイプの収納は、「棚に置く」と組み合わせて使うことが多いです。下駄箱、押し入れ、洗面所、クローゼット、食器棚や冷蔵庫、一部の本棚です。

「引き出しに入れる」は、下着類を収納する際に「かごに入れる」と組み合わせて使っています。

「かける（吊るす）」は「棚に置く」や「扉の中にしまう」と組み合わせます。クローゼットではバーにハンガーをかけるほかに、扉の内側にフックをつけてバッグをかけています。また、ダイニングテーブルの横にある棚（カラーボックス）にフックをつけ、アクセサリーや髪をまとめるゴムやよく使う腕時計の収納に使っています。

いずれの場合も、**出し入れに必要なステップの数を、面倒に感じない程度におさえる**ことが重要です。

ものがすべて見えるように入れる

発達障害の人は、フタつきの箱や扉つき収納にしまうと中のものが見えないため、どこに何が入っているのかわからなくなりがちです（私の夫はこのタイプです）。そうなると、出すときにも探しまわることになりますし、戻す場所もわからなくなって散らかってしまいます。そうならないためには、「**見えないものがないように入れる**」ことが必要です。

わが家では、テーブルでよく使うメモ帳、ハンドクリーム、鏡、クリップ、小型のライト、メジャー（意外と使います）などをまとめて、フタのないボックスに入れています。このように中身がすべて見えている状態でしまってあると、「何がどこに入っているか」がはっきりしているので、使ったあとで戻す場所が明確で、「片づける」という作業を面倒だと感じずにすみます。

このときに大事なのは、ものを積み重ねないことです。メモ帳などの積み重ねがちなものも**全部立てて入れることで「見えないもの」を作らない**ようにするのです。また、フタがない箱なら、取り出すのも元に戻すのも1ステップですみます。このように出し入れのストレスがないことも、散らかりにくくするポイントです。

さらに、**収納にできるだけ扉をつけない**ことも有

「見えないものなし!」の入れ方

効です。見えないものを作らないことに加え、扉を開け閉めする動作をなくす意味もあります。

わが家では、ものを見やすく、探しやすくするために、次のような工夫もしています。

・いっしょに使うもの（ジャムとマーガリンなど）**や同じ種類**（麺類など）**はまとめてかごや箱へ入れて棚に置く**

「いっしょに使う」「同じ種類」のようにあらかじめ基準を決めて分けておけば、探す範囲が狭くなります。

・ものの形や大きさといった特徴に考慮した入れ方を心がける

たとえば、小さなもの（文房具や化粧品など）は浅い箱や引き出しへ、細長いもの（リモコンなど）は縦長のラックや箱に立てて入れるといったように。これはすぐに戻せるようにしまう工夫です。いちいち考えなくてもものを元の場所へ戻せるので、片づけへのハードルが低くなります。

細長いものは立てて入れる

ものの形に合った入れ方をすれば、考えなくても元の場所に戻せる

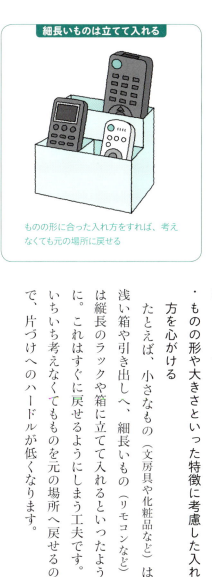

また、見えないものを作らない入れ方をすることで、元の場所にきちんと収まっている（＝片づいている）ものと、そうでない（＝散らかっている）ものがはっきりとわかるというメリットもあります。発達障害の人の中には、片づいている状態を認識できない人も多く、そうなるとますます散らかってしまうことになるのです。

「詰め込まない」を徹底する

見えないものを作らないためにもうひとつ重要なことは、**「詰め込まない」**ことです。

いろいろ試してみた結果、収納量よりも出し入れのしやすさを優先したほうが使いやすくなると実感しました。たくさんのものをきれいに詰め込んだとしても、**出し入れがしにくいと元に戻すのが難しいので、きれいな状態は長続きしない**のです。すると、しまう気がなくなり、出しっぱなしにすることになりがちです。

ものは詰め込もうと思えばいくらでも詰め込めます。洋服はとくにそうでしょう。でも、着ようと思って取り出したら、詰め込みすぎていたせいでシワだらけになってしまっていて、仕方なく再びしまい込み、着る機会を逸してしまう、ということもあるでしょう。

下着なども、たたんだ状態で積み重ねてぎゅうぎゅうに詰め込んでいると、下のほうに入っているものが見えないため、上にあるものばかり着てしまうことになりかねません。また、買い置きを下のほうに入れていると、買い置きがあること自体を忘れてしまうこともあります。

夫が以前、「Tシャツがないから買いに行く」と言ったとき、それならほかにも買う必要があるものがないか点検しよう、と彼の引き出しをいっしょに整理しました。すると、買って着ていないTシャツが3枚も出てきたのです。夫は大喜びでしたが、それを機に彼のものの入れ方をいっしょに見直すことにしました。

箱などで仕切りを作り、下着類を立てて収納する

夫の引き出しを整理してみると……

ようにしたらとても使いやすくなったようです。こうすることで下着の状態がわかりやすくなったのか、私が確認しなくても、自分から「すり切れてきたからそろそろ○○を買いたい」と言い出すようにもなりました。

押し入れの奥行きを活用する方法

押し入れは、とても収納力の高いスペースです。ただ、奥行きがあるため、あれこれ詰め込んで中に何が入っているかわからなくなりがちなので、片づけが苦手な人には使いこなすのが難しいと思います。「たくさん入る！」と**収納量を増やすことを優先すると、使いにくくなってしまう**ということを頭に入れておきましょう。

押し入れは本来、布団をしまうためのスペースです。それ以外のものをしまうには奥行きがありすぎるので、手前と奥に分けて使う必要があります。そうなると、奥のものが取り出しにくくならないよう、手前には軽いものや動かしやすいものしか置けません。

わが家の押し入れは、奥には棚を置いて、防災グッズや延長コードなどふだんはあまり使わないものを箱やかごに入れて収納しています。手前には裁縫箱や掃除道具など頻繁に使うものだけを置き、残りのスペースは作業用に空けてあります。段ボール箱１つ分ほどのスペースです。

奥の棚から箱やかごなどを出したときには、このスペースにいったん置いてから必要なものを取り出すようにしています。箱ごと押し入れから出してしまうと、戻すのがおっくうになってしまうことが多いのですが、押し入れ内に置くスペースがあることで、箱をすぐに戻すことができます。

また、使い終わったものを戻すときにも、このスペースで分類や整理などをしてから箱やかごに入れるようにすると、片づけの作業がしやすくなります。

奥行きのあるスペースを使うと

押し入れを使いこなすコツは空きスペース

段ボール箱１個分くらいのスペースを空けておく

奥から取り出した箱やかごの一時置きとしても、元に戻す前に分類・整理する作業台としても使える

きには、入れ方だけでなく、空間の使い方を工夫することで、出し入れがしやすくなるのです。

「便利グッズ」は使わない

入れ方を工夫する、というと「スペースを有効活用できる便利グッズを使えばいいんじゃない？」と思う人がいるかもしれません。

私も以前、下駄箱に使う「1足分のスペースに靴が2足しまえる」収納グッズを試したことがあります。しかし、靴をサッと1ステップで取り出すことができないため、出し入れがおっくうになってそのグッズを使って収納している靴は履かなくなり、三和土《たたき》に置いた靴ばかりを繰り返し履くという結果になってしまいました。やはり、「**収納量より出し入れのしやすさ**」なのです。

便利グッズを使って靴を詰め込むことよりも、履かない靴を整理する、冠婚葬祭用の靴は別に保管する、スペースに十分な余裕があるなら棚板を足して収納スペースを増やすといった対策のほうが有効のようです。

靴の収納に限らず、通販カタログなどを見ているといろいろな収納グッズが紹介されていて、「これを買えば片づけられそう！」と思ってつい買ってしまいがちですが、買う前に一度、「本当に使いやすくなるのか？」「ずっと使い続けられるのか？」と問いかけることも必要です。

たしかに、収納力をアップさせることはできるかもしれませんが、使い方が限定されるため、使いやすくなるかというと、そうともいえないものも多いように思います。１００円ショップなどにあるシンプルなかごや箱は用途も広いので、それらを組み合わせたほう

意外な便利グッズ??

が、自分に合った収納を作りやすいでしょう。

家族にもできるしまい方を考える

ものの入れ方を一通り決めても、家族のあいだでそれが徹底できないケースは少なくありません。たとえば、洋服のたたみ方ひとつとっても家族でもめることがあります。たたみ方には人によって意外と好みがあるもので、他の人のたたみ方では不満を感じる人も多いようなのです。わが家では、シャツや靴下のたたみ方は、夫が「これならできる」と言ったやり方にしたうえで、本人にたたんでもらっています。

たたむときの原則は、**①できるだけ四角くたたむ、②立ててしまえるサイズにする、**の2つです。この原則が守れていれば、たたみ方が少しくらいルーズでも収納に支障が出ることはありません。

最初のうちは家族でいちばん片づけが苦手な人のレベルに合わせましょう。きれいにたたむよりもまず箱や引き出しの中にしまう、ハンガーにかけるなど、できるだけ出し入れに必要なステップが少ない方法を選んで、家族の誰もが出し入れしやすくすることが大切です。片づけにはときに妥協が必要なのです。

「紙もの」がたまらないしくみを作る

整理するのに苦労するものとして、いろいろな人と話していて必ず挙がってくるのが「紙もの」です。紙もののしまい方には、少し特別なコツが必要だと感じています。

ひと口に紙ものといっても、本や書類から、手紙やはがき、金券やクーポン券、包装紙などさまざまです。つまり分類するカテゴリーがとても多いのです。

薄く平たい形という特徴も、束ねやすいという利点になる一方で、他のものの中に紛れ込んでしまうと探し出すのに苦労するという欠点にもなります。

また、書いてある内容を正確に知るには、文字を読む必要があります。サッと読んですぐ内容がわかるものはいいのですが、内容を詳細に把握しようと思えば時間がかかりますし、集中力も必要です。

つまり、いざ紙ものの整理を始めようと思ってもおっくうでなかなか取りかかれないのは、「時間がかかって面倒くさい」ということを、これまでの経験から無意識にわかっているからだと思います。

さて、皆さんの周りにこんなものはないでしょうか？

・電話でのやり取りを書きつけたメモ用紙
・そのうち読もうと思って積み重なった郵便物やカタログ
・家計簿につけようと思ってテーブルの上に放置したレシート
・カウンターやテーブル、床の上に置いてある読みかけの雑誌や本
・外出時に持って行こうと思ってカバンの脇に何日も置いてあるお店のチラシやクーポン
・友人知人からの手紙や写真

じつは、これらはすべて、油断すると私の周囲に「出没する」紙ものです。子どもがいる人の場合は、さらに幼稚園や学校、塾などから配布されるプリント類が加わるでしょう。このように、「紙もの」は意識しないうちにいろいろなところから家の中に入ってきているため、気がつくとすっかりたまってしまい、部屋が散らかる原因になるのです。

私も片づけられなかった頃は「いつか整理しよう」と思いながらそのままにして、どうにもならなくなってから重い腰を上げて処分していました。しかし、放置しておくとどんどんたまっていく紙こそ、早めの対処、つまり「たまらないしくみ作り」が鍵になります。そのために必要なのが、これから説明する**「ファイリング」と「デジタルツールの活用」**です。

紙はとにかくファイルに入れる

紙の圧倒的な欠点は検索に手間取ることです。**紙ものの整理では、いかに探しやすいファイリングのしくみを作るかということが重要なポイント**となります。探しやすければ、不要になったときの処分もしやすく、紙を必要以上にためてしまうことがありません。

そのためにまず用意してほしい私のおすすめアイテムは、①Ａ４サイズの透明クリアファイル、②マジックか油性ペン、③マスキングテープ、④大きめのフィルム付箋かインデックス用のフィルム付箋です。いずれも１００円ショップや文具店などで手に入るものです。

まず、紙をクリアファイルに用件ごとに挟み、「○月×日ＰＴＡ資料」のように用件をマスキングテープに書いて貼ります。もちろん不要なものはこの時点でゴミに分けます。中には「挟むのは面倒だな」「すぐに使うから挟まなくてもいいのでは？」と感じるものもあるかもしれませんが、いちいち考えるとそこで手が止まるので、まず手を動かします。

全部挟んだら、１週間以内に提出する書類など現在進行中のものを分けます。これはファイルごとトレーなどに入れていつでも見られる状態にしておき、夕食後や休日などに見直す時間を設けてチェックします。用事が済んだら処分するのが基本です。提出した書類の控えなどを一定期間保管する必要がある場

紙もの整理の必須アイテム

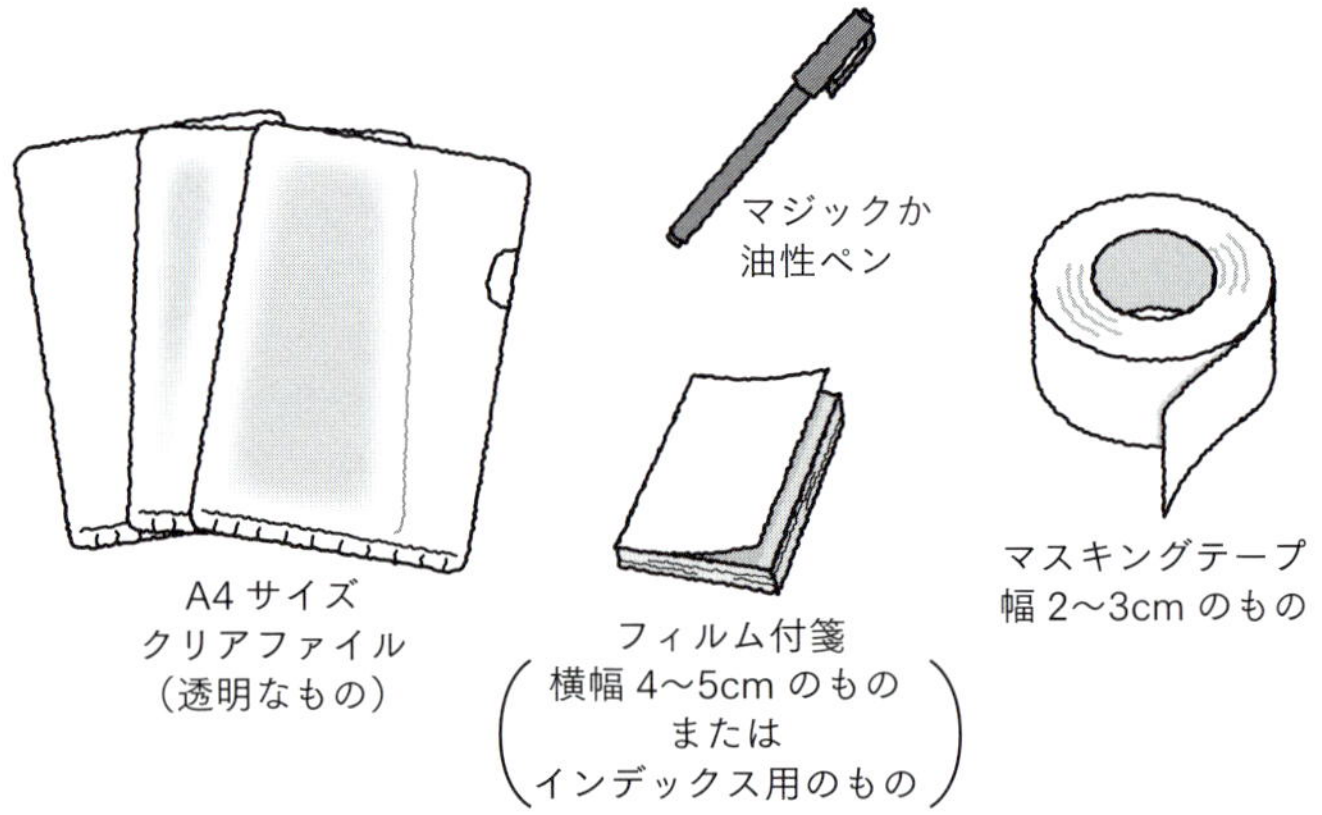

ファイリングの手順

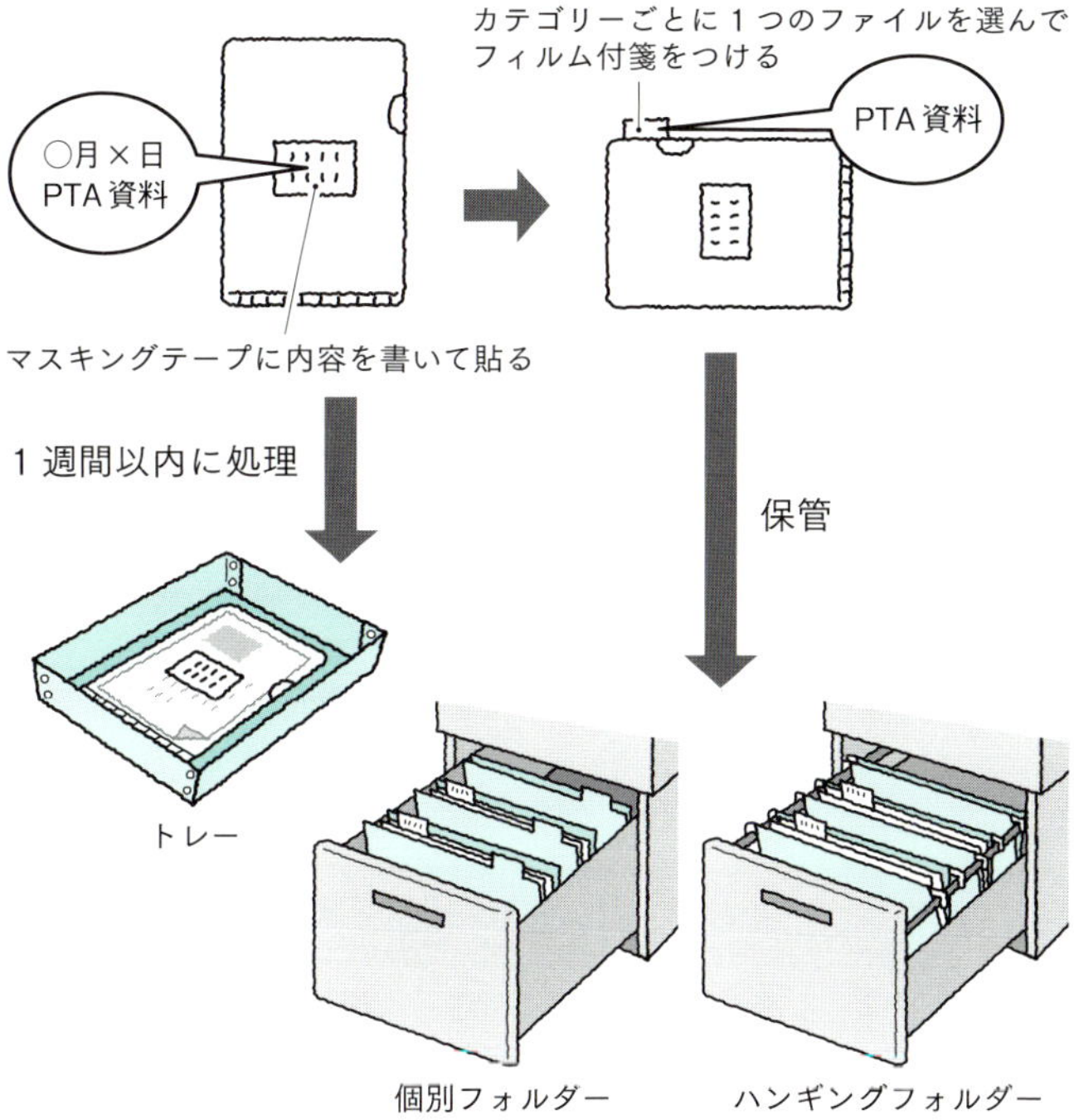

個別フォルダーとハンギングフォルダーは引き出し収納に便利。ハンギングフォルダーは引き出しのフレームにかけられて、ファイルを探すときに前後にスライドさせることができる。ボックスファイルは棚などに並べて置くのにおすすめ

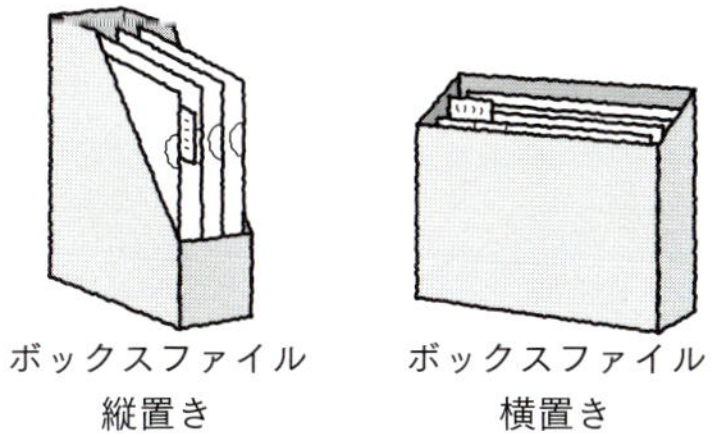

合はスキャンするかファイリングし、不要になったら処分しましょう。

それ以外のファイルはマスキングテープに書かれた用件を分類し、「仕事資料」「町内会」「PTA資料」といったカテゴリーにまとめます。まとめたら、カテゴリーごとにひとつのハンギングフォルダーや個別フォルダー、ボックスファイルなどに立てて入れます。横に寝かせて積み上げると、下に置いたものが取り出しにくくなって死蔵しやすいため、立てて入れるのが鉄則です。

このとき、カテゴリーごとに1つのクリアファイルを選んでカテゴリー名を書いた付箋をインデックス代わりに貼っておくと、探しやすくなります。

長期保存には綴じ込みファイル

ここまで読んで、「あれ？　穴をあけて綴じ込むファイルは使わないの？」と思った人がいるかもしれません。綴じ込みファイルは、紙の整理に慣れていない人にとっては手間が多く、やや難しい方法です。クリアファイルにどんどん挟んでいくほうが作業がはかどるので、最初の段階では使いません。

綴じ込みファイルを使うのは、紙ものの整理にもある程度慣れてきて、長期保存したいなどの目的で紙ものをキャビネットや本棚にしまうときです。ボックスファイルを使ってもいいのですが、クリアファイルを長期間立てて入れておくと、徐々にたわんでくることがあります。

綴じ込みファイルを使うなら、クリアポケットと組み合わせるのがおすすめです。2穴のファイルは汎用性が高く、100円ショップでも入手可能です。

なお、保管すべき書類のうち、すぐには使わないもの（賃貸契約書や登記簿など）はハンギングフォルダーや個別フォルダーに分類してボックスファイル（横置き）に入れ、鍵がかかるキャビネットや本棚の最上段などに保管します。確定申告に使った領収書などは保管義務のある5年を目安に処分予定の年月を付箋やマスキングテープに記入しておき、適宜処分します。

長期保存するなら綴じ込みファイル

クリアポケットと組み合わせて使うと出し入れしやすい

郵便物は期間で管理、写真は枚数で管理

郵便物は、玄関先で明らかに不要なものを除いてから、**「どれくらい保管するか」によって分類**します。①すぐに処理するもの、②時期がくれば手元からなくなるもの、③とっておくもの、の3つくらいに分けるのがいいでしょう。

①は請求書や、税金・公共料金の払込票など、②は検診の通知やイベントの招待状など、③は手紙やはがきなどの私信が該当します。

家族にも取り出しやすい ウォールポケット保管

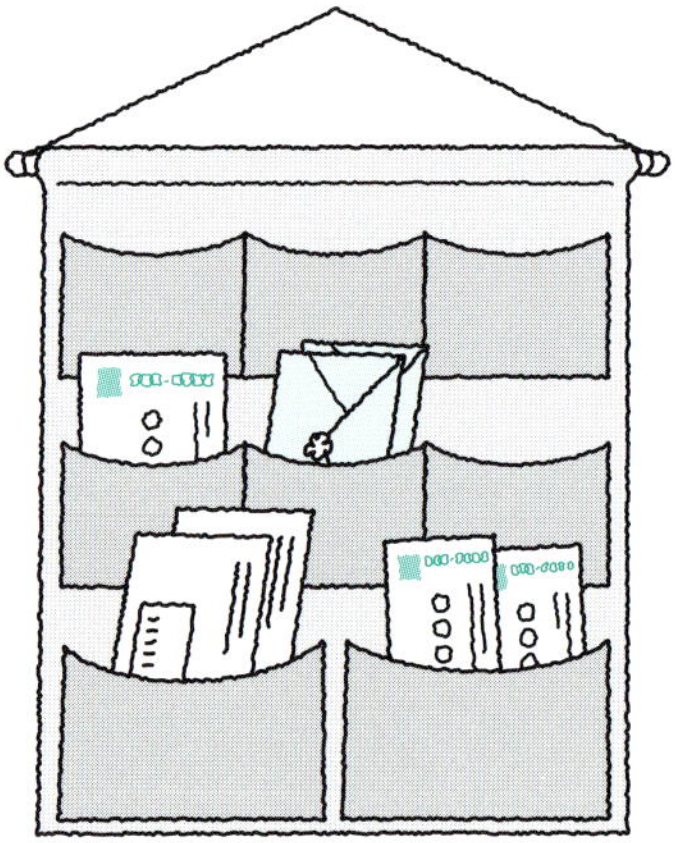

検診のお知らせなど期日のあるもの、請求書などすぐに処理しなければならないものは、目につきやすいようにしまうのがポイント

忘れてはいけない期限にはアラームが有効

①や②のうち、税金・公共料金の払込票、検診の通知といった、家族にも取り出しやすくする必要のあるものはリビングの一角に保管スペースを作り、そこに入れましょう。

わが家はウォールポケットで仕分けていて、夫は検診に行くときなどにはそこからはがきを取り出して持って行きます。期限が決まっているものは、カレンダーに書き込んだり、ToDoリストにアラームを設定しておいたりして、3カ月から半年ほどを目安に中身を点検します。「3月と9月には点検する」のように、年間のスケジュールを決めておくのもいい方法です。

③の場合は、とくに整理が必要なのが年賀状やはがき類です。私はラベルを貼った

箱を用意し、届いたらそこにどんどん入れてしまいます。年末に年賀状を作るときに箱から取り出して、五十音順に整理して布テープでまとめ、インデックスラベルをつけます。

それ以前の3年分は別の箱に入れてあるので、新しい年賀状が来る前にいちばん古い年のものを廃棄します。

手紙は、はがき類よりも枚数が少ないので、1年分ごとに1つのクリアファイルにまとめて入れ、ボックスファイルに保管しています。

年賀状やはがきは1年分をまとめて

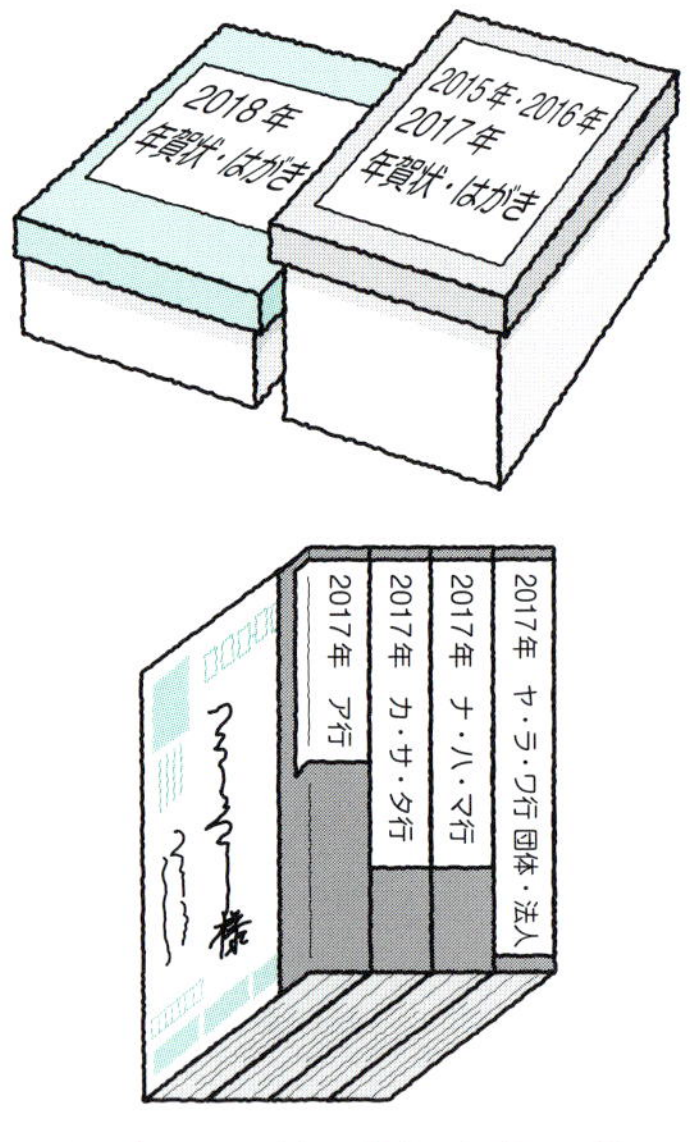

上・投げ込み用の箱と3年分を保管する箱
下・五十音順に整理したら布テープを貼ってまとめ、そこにインデックスをつける

そのほかに、紙類の中で意外とたまってしまうのが写真です。最近自分で撮影したものは、基本的にデジタルで保管していますが、昔の写真や人にもらった写真など、プリントしかないものは、ずっと残したい写真だけを選ぶつもりで、1年につき10枚程度を目安に絞り込んでいます。似たような構図のものをまとめ、その中からいちばん顔映りがいいものや背景がわかり

やすいものを選び出し、ほかは処分すると決めれば、減らすことができます。
私は、持っているアルバムに入る分だけを残すようにすると決め、年末年始のたびに見直しています。

デジタルツールを活用して紙を減らす

紙ものは探すのに手間取ることに加えて、保管場所を取ることも欠点です。今は医療機関も電子カルテが普及してきましたが、私が言語聴覚士として病院で働き始めた頃は紙のカルテが使われていて、カルテ庫のスペース確保に事務スタッフが頭を悩ませていたものでした。紙は薄いので場所を取るイメージがないかもしれませんが、束になるとかさばりますし、重さも見た目よりあります。

こうした紙の欠点を補う方法がデジタル化です。**デジタル化すれば検索が簡単で、必要な情報にすぐにたどり着くことができ、手間も時間も少なくてすみます。**また、電子書籍がタブレット端末ひとつで何千冊分にもアクセスできるように、デジタル化して**電子データで保管すれば保管場所が不要になる**というメリットもあります。

とくにおすすめなのはクラウドサービスでの保管です。仮想空間（提供しているサービス会社のサーバー）に自分専用の容量を確保し、そこにファイルやデータを保存しておけるサービスです。使いやすいものを見つければ、紙もの管理のストレスから解放されます。ここではいくつかおすすめのサービスを紹介します。

■書類には「Evernote」（エバーノート）

学校や塾、自治会などからのお知らせプリントは「エバーノート」での保管がおすすめです。エバーノートはメモを管理する「メモアプリ」で、スクラップブックのようなものと考えればいいと思います。

紙のメモ類はもちろん、パソコンで作成した書類、画像や動画、位置情報なども保存することができます。バラバラになっている情報を「ノート」という単位（ファイルのようなもの）でまとめてくれるツールだとイメージしてください。スマートフォンやタブレットだけでなく、パソコンからアクセスすることもできます。

書類や画像などを保存する際には、あとで検索しやすくするために必ずノートに題名をつけ、題名には日付も入れておきましょう。同じカテゴリーに入れられるノートをまとめて「ノートブック」を作成しておくと、整理されて探しやすくなります（例　ノートの題名：△△打ち合わせ資料20181027、ノートブック名：仕事資料）。さらに、タグ（索引のようなもの）を設定すると、複数のノートにまたがった検索も簡単にできます。

　エバーノートには、スマートフォンのカメラでお知らせのプリントなどを撮影する場合、背景が画像に入らないよう書類のみを認識してくれる自動モードがあるのも便利です。

私は仕事関係の依頼書や要項などの

Evernoteで快適な書類管理

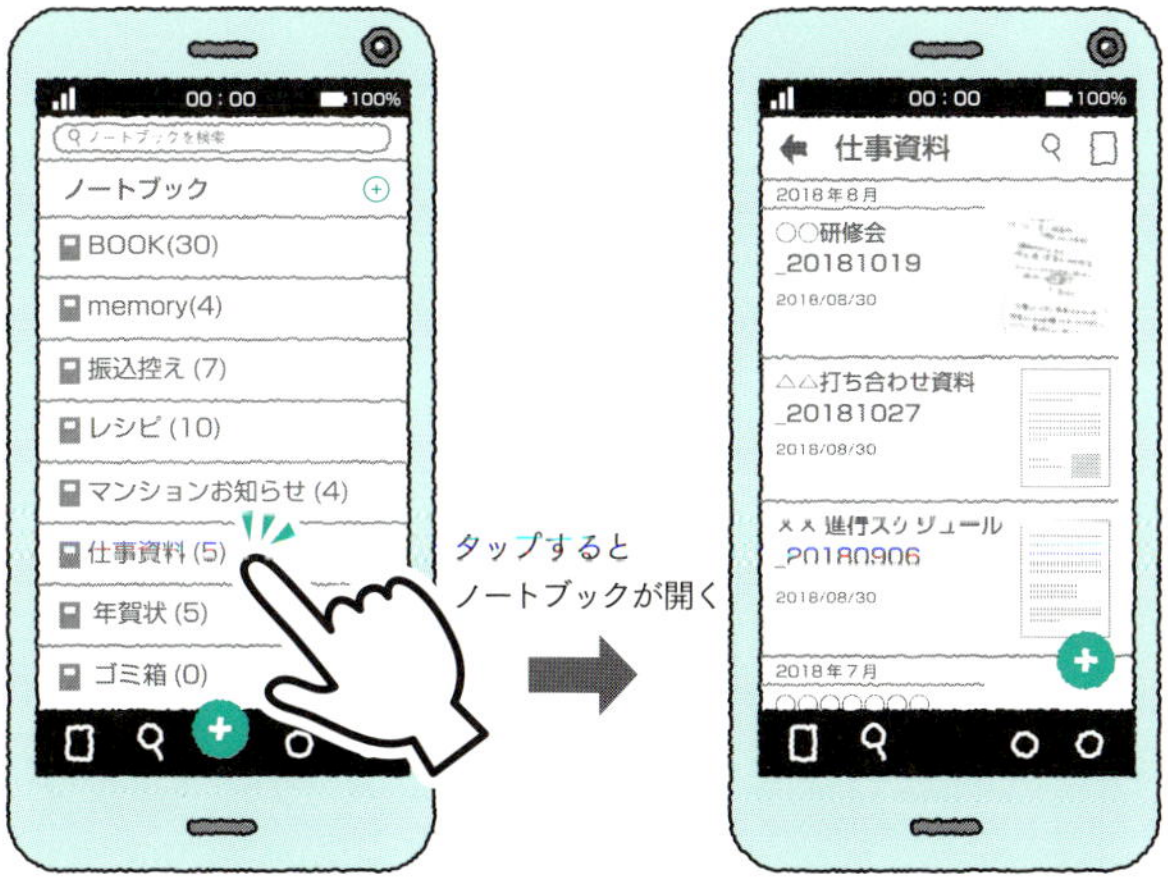

ノートブックの一覧画面（例）

ノートブックに収められたノートの一覧画面（例）

ノートブックを作って、撮影した書類のノートをどんどん入れています。

ショップカード保管にも、エバーノートは使えます。とにかく**バラバラで散らばりがちな紙類はどんどん撮影して、撮影したら紙は潔く捨ててしまう！**と決めるといいでしょう。

■名刺には「Eight」（エイト）

名刺管理にもさまざまなクラウドサービスがありますが、私は「エイト」というサービスを利用しています。名刺をスマートフォンのカメラで撮影し、データを送ると名刺画像と同時に掲載された氏名、住所、電話番号、メールアドレスなどが情報として登録されます。

たまった名刺を整理して検索できるようにしたい、住所を取り出して年賀状などに利用したい、といったニーズがあるなら、このような名刺管理サービスを検討してもいいでしょう。

名刺を登録した相手もエイトを利用している場合、相手が転職して新しい名刺に更新すると、登録された情報が更新され、その通知が届きます。名刺は最新情報が大切なので、これはうれしい機能です。

■家電の取扱説明書には「トリセツ」

家電の取扱説明書は、たまってくるとかなりの量になりますし、まとめておいたとしても、探す手間を面倒だと感じることも多いと思います。ともすると紛失してしまい、必要なときに見当たらないということもあるのではないでしょうか。

私は家電の取扱説明書を管理できる「トリセツ」というアプリを利用しています。家電製品の型番を入力して、該当する製品を登録すると、取扱説明書を見ることができるものです。古い製品だと登録できないこともありますが、3〜5年くらい前のものならまず問題なく登録できています。かさばるマニュアル類を一括管理できるため、徐々に紙から移行しているところです。

取扱説明書をどうしても紙で見たい、ということでなければ、このアプリを使うことで紙の説明書は処分できます。なお、保証書だけは紙で取っておくようにしています。

私は実家で利用している家電も少しずつ登録しています。実家へ行くと親から家電のメンテナンス（洗濯槽の掃除やコードレス掃除機のバッテリー交換など）を頼まれることがあるので、すぐに調べて対応できるようにしているのです。

デジタルツールを活用してみると、紙を持つことの意味や紙を保管する重要性がより明確に見えてきました。大半の場合は、持っておきたいのは紙そのものではなく「紙に書いてある内容」「紙から想起される思い出」「紙をめくることで得る感覚」といったものでしょう。

1つめの「紙に書いてある内容」は、デジタル化できるものはどんどんして、紙は捨てても大丈夫です。それ以外の2つは、形にできない概念的あるいは感覚的な事柄です。これらをどの程度、紙の状態で持っておきたいかは人によって違うでしょうが、そのために必要な紙だけを残すと決めれば、紙もの整理の繁雑さから解放されるはずです。

デジタルツールで情報を共有

クラウドサービスは、複数の端末からアクセスできることがいちばんのメリットです。このメリットを活かして家族でデータを共有しておけば、たとえば私が作った文書や保存した画像などに夫もアクセスできます。そのため、以前は写真をプリントして保存していましたが、今はほとんどプリントせず、共有サービス（Googleドライブ、Dropboxなど）に保管するようになりました。

スケジュールは15年ほど前からGoogleカレンダーを夫婦で共有しています。以前はリビングにある紙のカレンダーに各自予定を書き込む形式にしていましたが、夫が予定を記入し忘れることが相次いだため、切り替えたのです。すると夫も「すぐに記入できるし、予定の変更やコピーも簡単！」と忘れることがなくなり、定着しました。

Googleカレンダーを共有したことで、外出時に夫婦の予定を確認しなくてはならない事態になった際も、すぐに返事ができるようになり、時間のロスや手間が減りました。

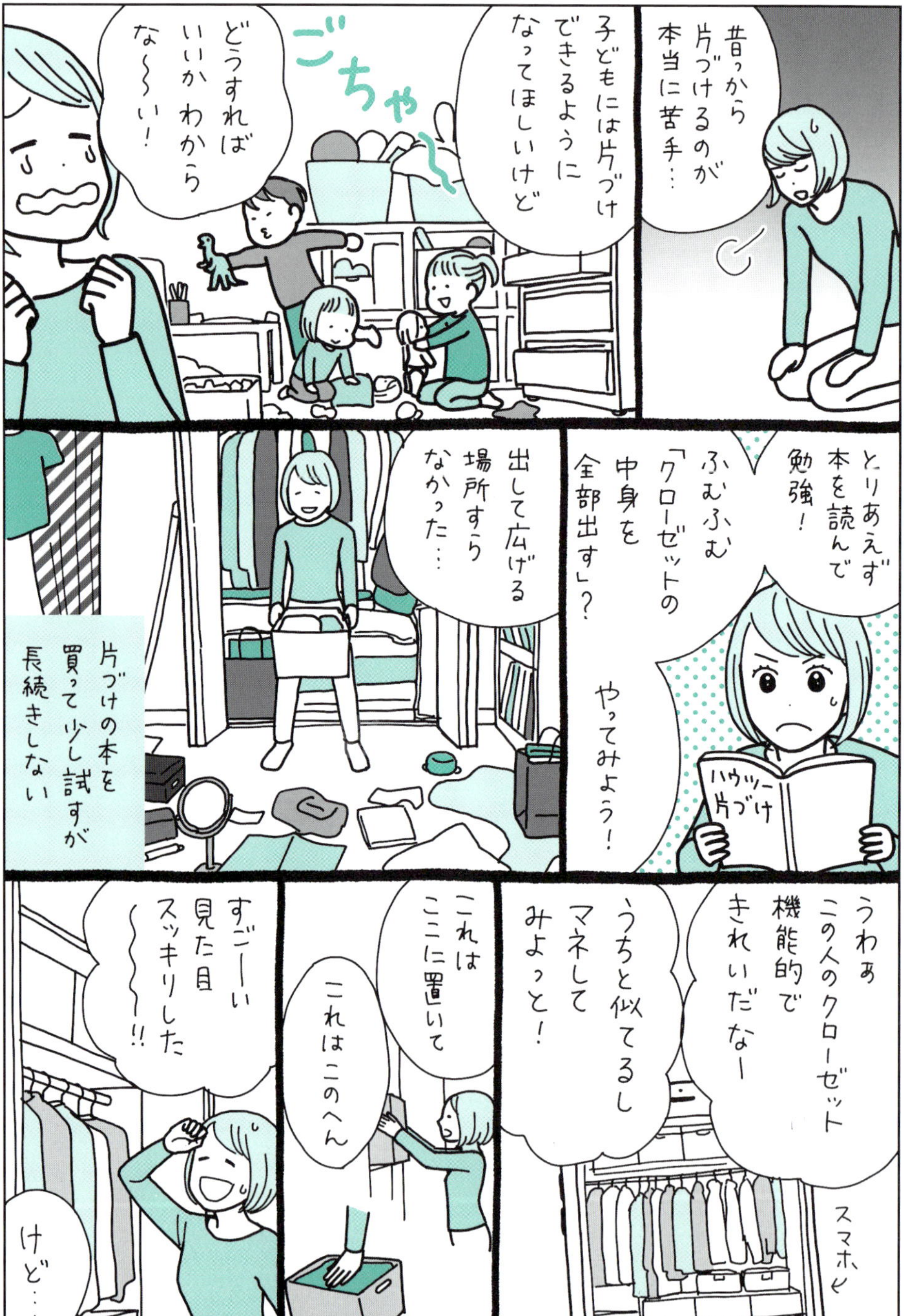

昔っから片づけるのが本当に苦手…
子どもには片づけできるようになってほしいけど
ごちゃ〜
どうすればいいかわからな〜い！
とりあえず本を読んで勉強！
ふむふむ「クローゼットの中身を全部出す」？
やってみよう！
ハウツー片づけ
出して広げる場所すらなかった…
片づけの本を買って少し試すが長続きしない
うわあこの人のクローゼット機能的できれいだなー
うちと似てるしマネしてみよっと！
スマホ
これはここに置いて
これはこのへん
すごーい見た目スッキリした〜〜〜!!
けど…

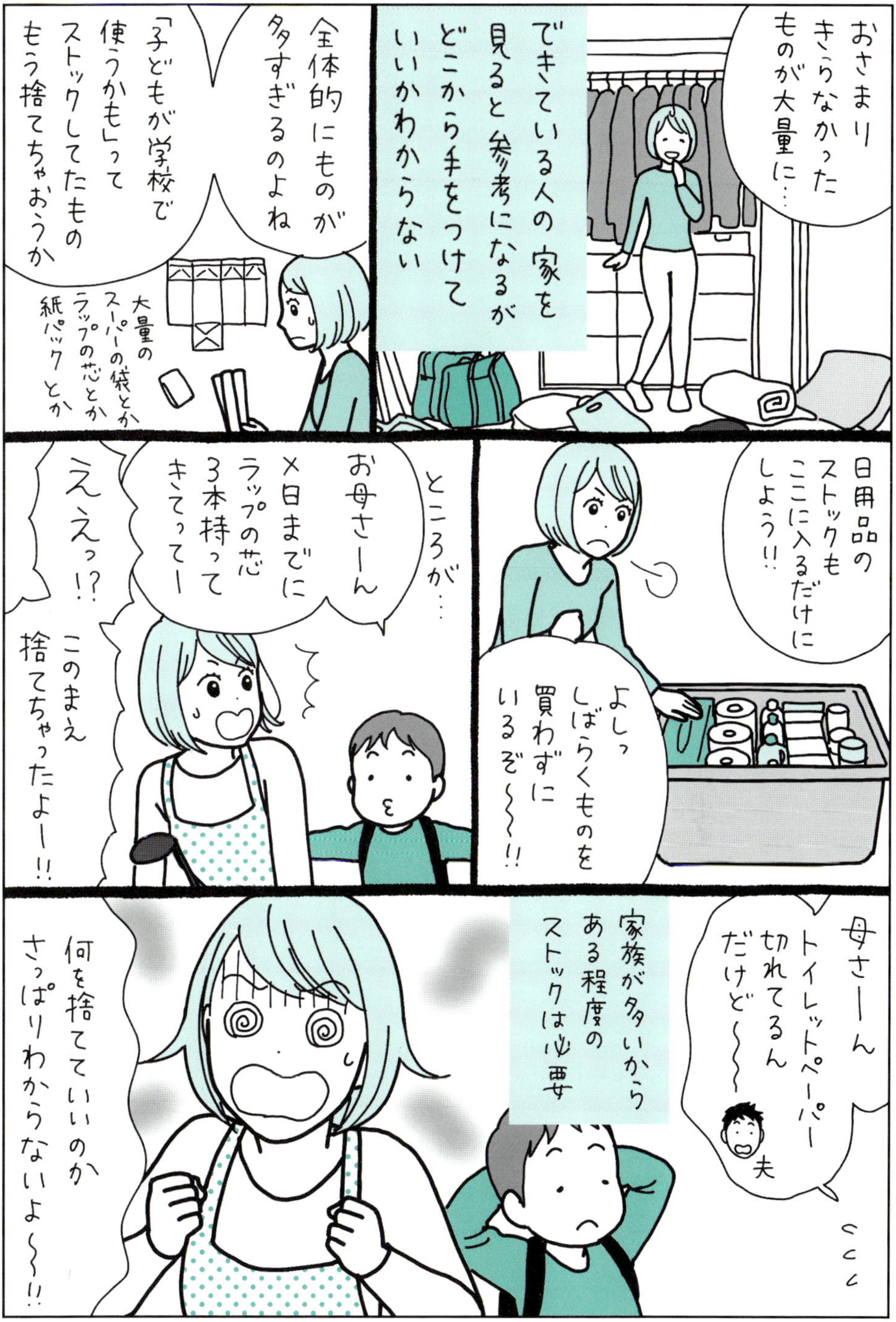
おさまりきらなかったものが大量に…
できている人の家を見ると参考になるがどこから手をつけていいかわからない
全体的にものが多すぎるのよね
「子どもが学校で使うかも」ってストックしてたものもう捨てちゃおうか
大量のスーパーの袋とかラップの芯とか紙パックとか
日用品のストックもここに入るだけにしよう!!
よしっしばらくものを買わずにいるぞ〜〜!!
ところが…
お母さーん×日までにラップの芯3本持ってきてってー
ええっ!?
このまえ捨てちゃったよー!!
母さーんトイレットペーパー切れてるんだけど〜
夫
家族が多いからある程度のストックは必要
何を捨てていいのかさっぱりわからないよ〜!!

由美のアドバイス

①「すぐできる」に飛びつかない

片づけの本を読んで、「これならできそう」と部分的に真似をしても、失敗するのは明らかです。なぜなら、今の状態は長年の積み重ねが招いた結果だからです。それを変えるには、ある程度時間や手間がかかるのはあたりまえ。散らかしてしまった自分と向き合うことから始めましょう。

②片づけは誰でも実行可能なスキルだと認識する

片づけは才能のある人だけができる特殊な作業ではありません。できないのはスキルが身についていないだけのことですから、「私には無理だ」とあきらめる前に、スキルを身につける努力をしましょう。

本書の「場所を決める→量を決める→入れ方を決める」の3つのステップを実行すれば、基本的なスキルは身につくはずです。

③ストックの量は具体的な基準に従って決める

日用品のストックを減らそうとしたのはよかったのですが、Cさんは、何の基準もなく漠然と減らしたことに問題がありました。開封した日付を洗剤や調味料の容器に記入し、使い切るまでの日数をチェックしてみましょう。そうすれば、次に買い物に行く（または生協などで注文する）までにどれだけのストックがあればまかなえるかの目安がわかります。

④子どもでも片づけやすい工夫をする

子どもにも、自分のものは自分で出し入れできるように少しずつ習慣づけていくといいでしょう。まずはかご1つ、引き出し1つから自分で管理することを覚えさせてください。中に入れるものを写真や絵、マークなどで表したラベルを貼り、「ここにこれを入れるんだよ」と教えましょう。具体的なサインがあればわかりやすく、楽しんで片づけることができます。

おわりに

最後までお読みいただき、ありがとうございました。きっと、人によって今の気持ちはさまざまだと思います。

「さっそくやってみよう」と思った人はぜひ少しずつ始めてみてください。だんだん自信がついていけばしめたものです。

「あたりまえのことしか書いていないじゃないか！」と思った人は、片づけの基本をすでに理解できています。実践すればするほどスキルアップするはずです。そうなったら自分の好みや事情に合わせてこの本にあるスキルをアレンジし、試してみてください。

「本当に片づけができるようになるの？」と半信半疑の気持ちになった人もいるでしょう。それはひょっとしたら、今までやろうとしていた片づけの目標が高すぎたのかもしれません。苦手だったことに取り組むのですから、まずは片づけのハードルを下げ、第1章にある財布やバッグの整理から始めましょう。

そして、「絶対無理！」と思った人もいるかもしれません。もしかしたら過去に周囲の人たちから片づけを強要され、大切にしていたものを無断で処分されたり、好きなものをため込んでいることを非難されて傷ついたりした経験があるのかもしれません。過去のトラウマがものを手放せない理由になるのは、往々にしてあることです。

そのような場合は、「片づける」ということを「快適に暮らすためにものを整理する」「好きなものを出し入れしやすいようにしまう」などと置き換えてみると抵抗感が減ることが多いようです。自分の中にある、ものにまつわる負の感情を整理することで、片づけに対する気持ちも変わってきます。

20年前の私がこの本を読んだら、きっと「話はわかるけど、本当にできるのかしら？」と疑ったでしょう。その一方で、「片づけを決意した頃にこの本があったら、こんなに回り道せずにすんだのに……」とも思っています。

ある意味で片づけは自分との対話であり、その中で出てくる「使わないとわかっているのに捨てられない」といった自己矛盾や、過去の失敗などの不都合な事実が、片づけたいと考えている多くの人の手を止めてしまう最大の理由ではないか、と私は感じています。かつて自分が選択したものたちが「こんなに失敗して！」「ダメじゃないか！」と訴えてくるようで、自責の念にかられてしまうのでしょう。

とくに発達障害の人の場合は、その特徴に「片づけられない」と挙がるほど、もともと持っている障害特性と片づけは相性が悪いのです。「本当は片づけたいけど、どうしたらいいのか見当もつかない」と半ばあきらめていたかつての私のように、片づいた部屋に暮らすことを見果てぬ夢のように感じている人も多いかもしれません。


そもそも片づけがこんなに注目されているのは、「片づけができる＝自己管理能力が高い」とみなされているからでしょう。勉強ができる、ダイエットに成功した、貯金ができている、といった、いわゆる世間で言う「きちんとしている」と同様の感覚なのかもしれません。

かつての自分を振り返ると、「片づけられないだらしない自分に打ち克《か》つには、ものに対する好奇心や煩悩を抑えないといけない」という、どこか極端に自罰的な感情がありましたし、一方で「片づけができるようになると、私が持っているものへの愛着やこだわりといった人間的な感覚がなくなってしまうのでは？」という、これまた極端な恐怖心もありました。人魚姫が自分の声と引き換えに足を手に入れたような、トレードオフな関係をイメージしていたのかもしれません。

そして片づけの必要性を理解できないまま、周囲から「片づけなさい！」と言われ続けたことで、片づけへの過度の憧れと反発心という二律背反的な気持ちが生まれていたのかもしれない、と感じています（周囲の人達からしたら、当然の声かけだったとは思いますが）。

でも、自分が片づけのスキルをある程度会得して感じるのは、なくす必要があるのは「努力しないと身につけられない崇高なもの」という片づけに対するイメージや、「もの選びに失敗した自分はダメな人」という自責の念だったということです。また「ものがない＝貧しい」「ものを捨てる＝もったいない」という今までの価値観も捉え直す必要がありました。

プロローグで触れたように、片づけは本来「自分にとって不要なものを処分して、必要なものを出し入れしやすくしまう」ことです。つまり、自分がものをスムーズに出し入れできるようにする環境を整えればいいということになります。そのために必要なのは、「片づけスキル」を身につけることなのです。

第1章で説明したように、財布やポーチ、バッグといった小さなスペースから始め、徐々に自分の中で片づける感覚を育てていくことが、「私にもできた！」という自己肯定感につながります。劇的な変化を求めるのではなく、自分や家族が楽になることを少しずつやっていく――それは、私が相談業務でずっと当事者やご家族にお伝えしていることでもあります。自己肯定感を持つことは、この世界で根を下ろして暮らすために必要不可欠な感覚です。

ＡＳＤの私が本を書くからには「片づけが苦手な発達障害の人もできるようにするために、片づけをどう考えればいいのか、というところからていねいに説明しよう」と思っていました。それは想像以上に難しい作業で、時間はかかりましたが、自分が片づけについて考えてきたことや、どう実行してきたのかを見つめ直すいい機会になりました。ようやく形になって「片づけ本が片づいた！」とスッキリした気分です。

この本を書くにあたり、多くの方のご協力をいただきました。『アスペルガーの館』を読んで「村上さんが片づけのスキルを身につけた過程が本になれば、たくさんの人が助かるはず」と声をかけてくださった講談社の高月順一さん、その後担当を引き継いでくださった嘉山恭子さん、そして文章や編集作業をサポートいただいた伊藤淳子さんには改めてお礼を申し上げます。

花津ハナヨさんには、思わずクスッと笑ってしまうようなユーモアあふれるイラストとマンガを描いていただきました。松永えりかさんには、柔らかい雰囲気のイラストで、文章だけだとわかりづらいところを目で見てわかるようにしていただきました。私の原稿に足りなかった面を補ってもらい、とても心強かったです。理屈っぽい内容がスッと頭に入るようにまとまったのは、お二人のおかげです。ありがとうございました。

本書にも登場している夫、村上真雄にも感謝します。彼との暮らしを通しても私は片づけの必要性を強く感じ、何とか二人で快適に暮らすための環境を整えたい、と苦手だった片づけに取り組んできました。そして「発達障害の自分たちだって、多くの人と同じようにいろいろ工夫しながら楽しく暮らしていることを伝えたい」という夫婦共通の願いを叶えるべく、今後も試行錯誤を続けていけたら、と思います。

最後に片づけについて折にふれてやり取りしている親族や友人知人たち、そして言語聴覚士の仕事を通して出会った方々にも心からお礼を申し上げます。片づけについて千差万別な悩みを聞けたことも、この本を書く大きな原動力になりました。おそらく私の経験だけではこんなにさまざまなことは考えられなかったことでしょう。

この本が、片づけが苦手な発達障害の人たちに新たな視点を与え、生活の一助になれば幸いです。

村上　由美

２０１８年11月

|著者|村上由美

言語聴覚士。上智大学文学部心理学科、国立身体障害者リハビリテーションセンター学院（現・国立障害者リハビリテーションセンター学院）聴能言語専門職員養成課程卒業。重症心身障害児施設や自治体などで発達障害児、肢体不自由児の言語聴覚療法や発達相談業務に従事。
著書に『アスペルガーの館』（講談社）、『声と話し方のトレーニング』（平凡社新書）、『ことばの発達が気になる子どもの相談室』（明石書店）、『ちょっとしたことでうまくいく 発達障害の人が上手に暮らすための本』（翔泳社）などがある。

発達障害《はったつしょうがい》の人《ひと》の「片《かた》づけスキル」を伸《の》ばす本《ほん》
アスペルガー、ADHD、LD……片づけが苦手でもうまくいく！　健康ライブラリー

2018年12月12日　第1刷発行

著　者　村上由美《むらかみゆみ》
発行者　渡瀬昌彦
発行所　株式会社講談社
東京都文京区音羽二丁目12－21　郵便番号112－8001
電話番号　編集　03－5395－3560
販売　03－5395－4415
業務　03－5395－3615
印刷所　慶昌堂印刷株式会社
製本所　株式会社若林製本工場

ISBN978-4-06-514031-4
N. D. C. 360　164p　21cm